AF204364

Simone Theisen-Diether, Jahrgang 1976, lebt mit ihrem Mann in der Nähe von Koblenz. Sie hat einen Abschluss als Diplom-Verwaltungswirtin (FH) und verfügt über langjährige Erfahrung in der Kommunalverwaltung. Auch in ihrer Freizeit interessiert sie das kommunale Geschehen, woraus zwischenzeitlich ein Mandat im Stadtrat wurde. Die Inspiration fürs Schreiben ergab sich aus ihrer eigenen Krankheitsgeschichte und den damit verbundenen Erlebnissen.

Simone Theisen-Diether

Wackelköpfchen

Mein Leben mit einer Kopfgelenksinstabilität

© 2016 Simone Theisen-Diether

Autor: Simone Theisen-Diether

Verlag: tredition GmbH, Hamburg

ISBN Paperback: 978-3-7345-6016-3
ISBN Hardcover: 978-3-7345-6017-0
ISBN e-Book: 978-3-7345-6018-7

Printed in Germany

Bibliographische Information der Deutschen Nationalbibliothek: Die Deutsche Nationalbibliothek verzeichnet diese Publikation in der Deutschen Nationalbibliographie; detaillierte bibliographische Daten sind im Internet über http://dnb.d-nb.de abrufbar.

Inhaltsverzeichnis

Tagebucheintrag, Freitag, 29. Juli 2016: Ich fühle mich gerade echt beschissen. Die Hitzewelle ist seit gestern vorbei. Eigentlich Grund zum Aufatmen. Aber irgendwie muss ich heute Morgen eine falsche Bewegung gemacht haben. Vermutlich beim Umräumen im Vorratsraum, danach ging es los. Zuerst kamen die Kopfschmerzen, dann ging der Nacken zu. Als ich mich auf dem Stuhl sitzend seitlich zu einer Schublade beugte, drehte sich alles. Also das volle Programm, aus dem Nichts heraus. Nach 30 Sekunden war das wieder o. k., aber seitdem habe ich Schmerzen im Nacken-, Schulterbereich und der Kopf ist total zu. Auf dem linken Auge sehe ich graue Punkte. Ganz toll, heute ist Freitag. Jetzt kann ich das ganze Wochenende schauen, wie ich die Probleme in den Griff bekomme, einen Physio-Termin bekomme ich vor nächster Woche nicht. Mal wieder Opfer der Unberechenbarkeit geworden.......

Der Anfang

Dass irgendetwas nicht stimmte, merkte ich zum ersten Mal Ostersonntag 2004 in der Kirche. Mir wurde schlecht, mein Kreislauf machte mir zu schaffen. Ich verließ die Kirche und setzte mich draußen auf die Mauer. Nach kurzer Zeit war alles wieder in Ordnung. Der Vorfall war zwar ungewöhnlich, aber mal ehrlich, wer macht sich denn ernsthaft darüber Gedanken, wenn es einem einmal nicht gut geht. Volle Kirche, enge Bänke etc., da war ich wahrlich nicht die Erste, die das nicht vertrug. Gut, das war vorher noch nie vorgekommen, aber trotzdem schnell wieder verdrängt. Zumindest bis zum nächsten Tag. Da war ich mit Freunden in einem Lokal verabredet. Kaum saß ich am Tisch, ging es wieder los. Ich hatte das Gefühl, kurz vor einer Ohnmacht zu stehen, die Gespräche am Tisch bekam ich gar nicht mehr mit und mein Blick war auch irgendwie getrübt. Ich fühlte mich wie unter einer Dunstglocke. Ich erinnere mich noch, dass ich schnell das servierte Wasser trank, mit der Hoffnung auf Besserung, geholfen hat es aber nicht viel. Mit dem Gedanken, an einen Magen-Darm-Infekt oder eine anrollende Grippe, ließ ich mich lieber wieder nach Hause fahren. Noch am gleichen Tag wurde es wieder besser und ich hakte das Thema ab.

Eine ganze Weile war alles beim Alten, aber das war es natürlich noch lange nicht. Im Laufe des Jahres 2004 hatte ich immer wieder mit Übelkeit und Magenproblemen zu tun, und das, obwohl ich eigentlich immer über einen sprichwörtlichen „Saumagen" verfügt habe. Unvermeidbar landete ich dann auch irgendwann bei einer Magenspiegelung, die aber zu keinem Ergebnis führte. „Reizmagen" lautete die wenig zufriedenstellende Diagnose. Aber damals dachte ich mir, lieber einen Reizmagen als andere fiese Dinge, die ein Gastroenterologe hätte finden können. An Galgenhumor mangelte es mir zum Glück nie. Nun gut, ich versorgte mich in der Apotheke mit „Iberogast-Tropfen" und „Maaloxan-Tütchen", die fortan mein stetiger Begleiter wurden.

„Viel hilft viel" wurde meine Devise und so nahm ich bei jedem Anflug von Übelkeit und Magenproblemen eine Ladung aus meiner Handtaschen-Apotheke. So wirklich geholfen hat das nicht, aber mangels Alternativen oder anderer Ideen ging das so über Monate.

In dieser Zeit war ich noch ehrenamtlich als Übungsleiterin beim Judo aktiv. Immer öfter bemerkte ich während des Trainings ein Unwohlsein, ein leichtes Benommenheitsgefühl oder Übelkeit. Das zog sich über einen längeren Zeitraum. Es verging kaum eine Trainingseinheit ohne Probleme. Ich wusste zwar nicht, was genau mit mir los war, aber ich merkte, dass ich nicht mehr in der

Lage war, den Kindern die Übungen korrekt vorzumachen. Während der Betreuung an einem Wettkampftag saß ich am Mattenrand und dachte zunächst, meine Brille sei beschlagen, ich sah meine Umgebung verschwommen, wie durch eine Nebelwand. Nach kurzer Zeit besserte sich meine Sicht wieder. Aber solche Vorfälle kamen immer wieder vor. Ohne das Ausmaß der körperlichen Schädigung auch nur zu erahnen, spürte ich instinktiv, dass nach 21 Jahren nun Schluss sein musste mit Judo. Mein Körper war den Anforderungen an diesen Sport einfach nicht mehr gewachsen. Unbewusst ahnte ich wohl bereits, dass eine Sportpause mein Problem auch nicht lösen würde. Also vollzog ich einen kompletten Schnitt und kehrte der Judomatte den Rücken. Dieser Schritt war für mich sehr schmerzhaft und es verging eine lange Zeit, bis ich wieder eine Judohalle betreten konnte, ohne traurig zu werden. Vor einiger Zeit traf ich zufällig eine alte Freundin aus Judotagen, der es ähnlich gegangen war. Sie musste ebenfalls verletzungsbedingt mit Judo aufhören. Genauso, wie sie sich dabei fühlte, erging es mir auch. Man gerät irgendwie in eine Identitätskrise, wenn man sein ganzes Leben dem Sport gewidmet hat und sich dann von heute auf morgen alles ändert.

Heute kann ich deutlich besser damit umgehen. Das Mitfiebern bei Judokämpfen macht mir wieder Spaß und ich habe auch wieder Kontakt zu einigen Trainingskameraden aus dieser Zeit. Dennoch war der zeitliche Abstand wichtig, um das „Matten-Aus" richtig zu verdauen.

*   *   *

Judo – der sanfte Weg!

Judo, wörtlich „sanfter Weg", abgeleitet von „ju" = sanft, nachgiebig, und „do" = der Weg, ist eine japanische Kampfsportart, deren Prinzip „Siegen durch Nachgeben" ist.

Mit sieben Jahren kam ich – eher zufällig – zum Judo. Niemand in meiner Familie hatte zuvor Erfahrung mit diesem Sport gemacht. Ein Bericht in einer Lokalzeitung hatte das Interesse meiner Eltern geweckt. Eine junge Frau konnte sich dank ihrer Judokenntnisse gegen einen männlichen Angreifer wehren. „Den Sport sollten wir uns mal anschauen", wurde schnell entschieden. Und so machte ich kurz darauf die erste Bekanntschaft mit einer Judomatte, als ich mir ein Training im Nachbarort anschaute. Ich war sofort fasziniert von den vielen Menschen in den weißen Anzügen und den grünen und roten Matten, die in korrekten Mustern auf dem Hallenboden lagen. Die anwesenden Kinder schienen Spaß zu haben, das wollte ich auch versuchen.

Kurz darauf startete ein Anfängerlehrgang, zu welchem ich mich anmeldete. In einer kleinen Gruppe lernten wir zunächst einmal pro Woche die

Grundtechniken, wie richtiges Fallen, Abschlagen, Judorolle, den ersten Wurf und den ersten Haltegriff. Am Ende des Anfängerkurses stand die erste Gürtelprüfung an. Davor hatten wir alle gehörig Respekt, aber der Trainer trickste uns geschickt aus. Er gab an, dass wir die bevorstehende Gürtelprüfung zunächst in einer Generalprobe üben würden. Nach Beendigung der Generalprobe gratulierte er uns allen zum bestandenen Gelbgurt. Geniale Idee, das hätte ich mir bei manch späterer Prüfung – nicht nur im Sport – auch gewünscht. Mit dem ersten Gürtel rückte auch der erste Wettkampf näher. So richtig motiviert war ich nicht, besser gesagt, ich hatte Angst. Der Wettkampf war auch nicht wirklich erfolgreich, ich bekam zweimal ordentlich „auf die Mütze" und verlor meine Kämpfe. Aber irgendwie weckte das meinen Ehrgeiz, das sollte mir nicht noch mal passieren. Aus einmal Training in der Woche wurden zweimal, einige Jahre später dann dreimal plus weitere Einheiten im Kraftraum. Der Judoverein wurde zu meiner zweiten Familie.

Wettkämpfe und Gürtelprüfungen ängstigten mich nicht mehr, ich hatte Spaß daran, mich mit anderen zu messen. Ich wurde in verschiedenen Altersklassen Rheinlandmeisterin und auch Rheinland-Pfalz-Meisterin, wurde in die Rheinland-Auswahl berufen und reiste – mal mit dem Verein, mal alleine mit meinen Eltern – durch Deutschland um Turniere zu bestreiten. Den ein oder anderen Gewinn eines international besetzten Jugendturniers konnte ich auch verzeichnen. Um mich weiterzuentwickeln, nahm ich an Gasttrainings in anderen Vereinen teil und besuchte regelmäßig Lehrgänge.

In meinen intensivsten Wettkampfjahren hatte ich einen enormen Trainingsumfang. Von der damaligen Fitness hätte ich heute noch gerne etwas. Dreimal pro Woche stand meine Trainingsgruppe auf der Matte. Zusätzlich trafen wir uns im Kraftraum oder absolvierten Konditionstraining. Tempo-Steigerungsläufe am Rhein waren besonders beliebt. An den trainingsfreien Tagen wurde häufig noch in Eigenregie geübt. So hatte ich zum Beispiel selbstkonstruierte Wackel-Holzbretter, auf denen ich mein Gleichgewicht schulte. Auch im Urlaub in den Sommerferien zog ich die Laufschuhe an. Aber der Aufwand hatte sich gelohnt. Zwar wurde ich weder Deutsche Meisterin noch Mitglied in der Nationalmannschaft, aber für mein persönliches Empfinden war ich weit gekommen und ich erfreue mich noch heute an den errungenen Pokalen, die auf dem Speicher stehen.

Neben den eigenen Wettkampferfolgen, gab es auch Trainingserlebnisse, die man nicht mehr vergisst. Ich kam in meinem Verein hin und wieder in den Genuss, mit einem Europameister und zweimaligen Olympia-Fünften zu trainieren. Das war dann zwar kein Training auf Augenhöhe, aber hinterher strotzte man trotzdem vor Stolz. Im Rahmen der Olympiavorbereitung im Jahr 1992 gab der Bundestrainer der Herrennationalmannschaft in unserem Verein ein Gasttraining, an dem ich teilnehmen durfte, so etwas bleibt unvergessen.

Das Ziel eines jeden Judokas ist der schwarze Gürtel. Mit 17 Jahren hatte ich es geschafft. Ich war das einziges Mädchen in meiner Prüfungsgruppe und unglaublich stolz, endlich den 1. Dan tragen zu dürfen.

Auch wenn es heißt „der sanfte Weg", der Sport ist hart. Irgendein Körperteil ist immer mit Tape umwickelt, meine Liste von Prellungen, Zerrungen oder Kapselrissen ist lang. Besonders fies war immer der sog. Mattenbrand. Das passiert, wenn man mit hoher Geschwindigkeit mit der Haut über die Matte scheuert. Brennt und sieht blöd aus. Wenn man mal den möglichen Zusammenhang zwischen dem Judosport und meiner Halsverletzung außer Acht lässt, bin ich ansonsten aber ganz gut weggekommen. Die schlimmste bewusste Verletzung war eine Nierenprellung, die ich mir während des Trainings zuzog. Einen Tag nach dem unsanften Aufkommen begann meine rechte Körperhälfte anzuschwellen. Ich kam mir vor, wie halbseitig schwanger. Laut Urologe hatte ich zwar keine bleibenden Schäden zu befürchten, aber es dauerte eine gefühlte Ewigkeit, bis ich wieder mehr anziehen konnte, als schlabberige Jogginghosen. Ungünstig war allerdings der Zeitpunkt, wenige Monate vor dem Abitur. Damals überlegte ich mir, die Seiten zu wechseln, vom Wettkämpfer zum Übungsleiter.

Aber das Leben im Judoverein bestand nicht nur aus harten Trainingseinheiten, Wettkämpfen und Gürtelprüfungen. Wir haben auch viel gefeiert. Wir ließen keine Gelegenheit aus, um hinter der Sporthalle Würstchen auf den Grill zu legen. Mehrfach nahmen wir an Fahrten in französische Partnerstädte teil und empfingen im Gegenzug Gäste aus Frankreich. Der Höhepunkt für mich, wie vermutlich für die ganze Trainingsgruppe, war unsere Japanreise. Im Jahr 1994 nahmen wir am Deutsch-Japanischen-Simultanaustausch des deutschen Sportbundes teil und verbrachten drei spannende Wochen im Mutterland des Judo.

Rückblickend kann ich sagen, die Jahre im Judoverein waren großartig. Eine Erfahrung, die mich für mein gesamtes Leben geprägt hat und die mit Sicherheit großen Anteil daran hat, dass ich in meinem Kampf um die Wahrheit nie aufgegeben habe. Judo ist ein besonderer Sport, der sich an besonderen Werten orientiert. Der Deutsche Judo-Bund (www.judobund.de) hat insgesamt 10 Werte herausgestellt, die durch Judo in besonderer Weise vermittelt werden können. Die beiden nachfolgenden Werte haben mich persönlich am meisten beeinflusst und mir in meinem Leben - auch außerhalb der Judomatte - oftmals geholfen:

Mut

„Nimm im Randori (Übungskampf) und Wettkampf dein Herz in die Hand. Gib dich niemals auf, auch nicht bei einer drohenden Niederlage oder bei einem scheinbar übermächtigen Gegner."

und

Selbstbeherrschung

„Achte auf Pünktlichkeit und Disziplin bei Training und Wettkampf. Verliere auf der Matte nie die Beherrschung, auch nicht bei Situationen, die du als unfair empfindest."

*   *   *

Kein Ende in Sicht oder „Bloß nicht aufgeben"!

Der Sport hatte einen enormen Teil meiner Zeit beansprucht. Was sollte ich nun mit der vielen Freizeit anfangen? Irgendwie führte mich der Weg zum örtlichen CDU-Vorsitzenden und so landete ich in der Kommunalpolitik. Kommunalrecht hatte mich schon an der Fachhochschule interessiert, das müsste doch der passende Sport-Ersatz sein, dachte ich mir. Wie genial diese Entscheidung war, sollte ich erst nach fünf Jahren realisieren.

Der Verzicht auf meinen Judosport hatte natürlich nicht zur Folge, dass meine gesundheitlichen Probleme besser wurden. Weit gefehlt, im Jahr 2005 ging es erst richtig los. Nachdem sich neben Übelkeit, Magenproblemen usw. nach und nach auch nervige Kopfschmerzen meldeten und sich der Kopf im Ganzen zunehmend merkwürdig anfühlte, keimte in mir der Verdacht auf, dass ich es hier mit mehr zu tun hatte, als einem „Reizmagen". Rückblickend betrachtet, hatte ich damals bereits kurzzeitig meinen Nacken in Verdacht.

Und dann kam der 31.Mai 2005. Dieses Datum ist mein persönlicher Stichtag, da damals erstmalig mein Hals ins Spiel kam. Ich war mit meiner Arbeitskollegin bei einer Fortbildung in Bonn. Wie bei solchen Veranstaltungen üblich, wurde der

Vortrag durch eine Beamer-Präsentation unterstützt. Um einen guten Blick zu haben, saß ich mit leicht nach hinten geneigtem Kopf dort. Ich weiß nicht mehr genau, wie lange es dauerte, bis mir schlecht wurde, aber es kam ohne Vorwarnung und war deutlich heftiger als zuvor. Mir war übel, heiß und kalt zugleich und meine Beine wurden zitterig. Was tun? Einige Zeit habe ich noch versucht, mich auf meinem Stuhl zu halten, aber es ging nicht mehr. Mit meiner bereits bekannten Handtaschen-Apotheke ging ich zur Toilette und versuchte den Zustand mit meinen Hausmitteln in den Griff zu bekommen. Keine Chance. Ich war im Kopf so benommen und mir war so schlecht, dass meine Kollegin und ich die Fortbildung abbrachen und heimfuhren.

Völlig verschreckt suchte ich am nächsten Tag meinen Hausarzt auf. Dieser diagnostizierte einen verspannten Nacken und verwies mich an einen Physiotherapeuten. Zu diesem Zeitpunkt noch völlig ahnungslos hinsichtlich Anatomie und Empfindlichkeit der Kopf-Hals-Region, ließ ich mich mehrfach „einrenken". Im ersten Moment sorgte es auch immer für Linderung; nur hielt diese leider nicht lange an.

Nachdem ich im Anschluss an den 31-Mai-Vorfall zwei Wochen krankgeschrieben war, freute ich mich, wieder arbeiten gehen zu dürfen. Schließlich stand der lange von mir geplante Abteilungsausflug an. So viel vorab, dieser Ausflug endete für mich nicht, wie erhofft.

*   *   *

Die Behörde

Nach dem Abitur begann ich im Alter von 19 Jahren die Ausbildung zur Diplom-Verwaltungswirtin in einer Behörde. Dabei handelte es sich um einen dualen Ausbildungsgang, der sich in 50% praktische Ausbildung vor Ort und 50% Theorie an der Fachhochschule für öffentliche Verwaltung aufteilte. Ohne Zweifel, die drei Ausbildungsjahre waren eine ziemlich gute Zeit. Ich fühlte mich auf Anhieb wohl und fand schnell Anschluss. Regelmäßige Azubi-Feiern sorgten für ein gutes Klima, genauso wie Mittagspausen beim Italiener oder die wöchentlich stattfindende Arbeitsgemeinschaft, wobei in diesem Fall die Betonung nicht unbedingt auf „Arbeit" lag. Die Behörde war groß genug, um Einblick in viele verschiedene Bereiche zu erhalten, aber trotzdem noch so überschaubar, dass man die meisten der Kollegen irgendwann – zumindest vom Sehen – kannte.

Auch die Zeiten an der Fachhochschule waren absolut in Ordnung. Klar, den Stoff musste man irgendwie lernen, aber dafür war bereits mittags Feierabend. Fast schon Luxus, würde ich aus heutiger Sicht sagen. Über die Funktion der Kurssprecherin landete ich irgendwann auch in der Studentenvertretung. So etwas passiert mir immer wieder, da ich nur schwer meine Meinung zurückhalten kann. So wurde ich einige Zeit später in der Behörde auch zur Stellvertreterin des Jugendvertreters gewählt. Aber der Vorteil an diesen Posten ist, dass man neben den üblichen Aufgaben auch die Festivitäten planen darf. Daran hatte ich Gefallen gefunden. Ich war also rundum integriert und bereute zu keinem Zeitpunkt, diesen beruflichen Weg eingeschlagen zu haben.

Nach bestandener Prüfung im Jahr 1999 erhielt ich eine Stelle im Referat „Organisation". Besser konnte es nicht laufen. Ich war während der Ausbildung oft dort eingesetzt, mochte die Kollegen und die Arbeit war interessant. Die ständige Nähe zur Behördenleitung muss man zwar mögen und der Sitzungsdienst bei den politischen Gremien ist auch nicht jedermanns Sache, aber für mich war es und wäre es auch heute noch – zumindest inhaltlich betrachtet – meine Traumstelle. Wir waren eine gute Truppe und so lag es nahe, dass wir nicht nur zusammen arbeiteten, sondern auch gemeinsam feierten. Meine Begeisterung für die Organisation von Festen und dergleichen fiel bei den Kollegen auf fruchtbaren Boden. Alles begann mit der spontanen Idee, mit der Abteilung an der jährlichen Karnevalsveranstaltung in einheitlichen Kostümen aufzutreten. In dem Jahr mussten wir besonders viel Unmut der Belegschaft einstecken, da aufgrund von Um- und Anbauarbeiten viele Kollegen in andere Büros umziehen mussten. Also lag das Kostüm nahe, wir verkleideten uns als Umzugsfirma, ausgestattet mit Plakaten, welche die kreativsten Beschwerden der letzten Monate zeigten. Für Platz eins des Kostümwettbewerbs reichte es leider noch nicht, aber das war ja auch erst der Anfang.

Ich weiß gar nicht, wie viel Freizeit und wie viele Mittagspausen ich in den folgenden Jahren investierte habe, um weitere Aktivitäten zu planen, aber ich tat es gern, insofern war das also egal. Wir hatten wunderbare Abteilungsfeiern und –ausflüge, Weihnachtsfeiern und Karnevalsveranstaltungen, einmal sprang sogar der Sieg im Kostümwettbewerb raus. Insgesamt gehörte ich zehn Jahre dieser Abteilung an. Etwa zeitgleich mit dem vermehrten Auftreten meiner Beschwerden, begann auch das gute Team zu bröckeln. Kollegen wechselten in einen anderen Bereich oder gingen in den Ruhestand. Beeinträchtigt von meiner gesundheitlichen Verfassung wurden die privaten Zusammentreffen immer weniger, es fand sich niemand, der die Planungen übernehmen wollte. Im Rückblick kann ich sagen, die Zeit von 1996 bis 2006 waren für mich sehr gute Jahre in der Behörde. Dass ich gesundheitlich bereits große Probleme hatte, bekamen nicht viele Kollegen mit. Ich fühlte mich anerkannt, respektiert und als Teil der Behörden-Familie.

Warum ich Ihnen das erzähle? Weil sich dies schlagartig änderte, als ich aufgrund meiner Beschwerden nicht mehr reibungslos funktionierte. Im Hinblick auf das, was Sie in späteren Abschnitten noch lesen werden, finde ich es wichtig, eine kurze

Darstellung aus meiner Zeit als gesunde und damit unproblematische Mitarbeiterin in Erinnerung zu haben.

*   *   *

Also noch mal zurück zu besagtem Abteilungsausflug. Wir fuhren mit dem Zug nach Braubach, von dort mit dem Markusburgexpress, einem sehr rustikalen Bimmelbähnchen, hinauf zur Burg. Nach der Burgführung ging es zu Fuß wieder hinab mit anschließender historischer Stadtführung. Zum Abschluss war ein Tisch in einem gemütlichen Altstadtlokal reserviert. Es war also keine mehrstündige Gewaltwanderung oder sonstige körperlich anstrengenden Aktivitäten geplant, sondern ein geselliger, normalerweise für jedermann zu bewältigender Ausflug. Ich freute mich sehr auf den Tag. Aber bereits nach dem Abstieg von der Marksburg ging es wieder los. Mir zitterten die Beine. Ich versuchte es zu ignorieren und machte tapfer die Stadtführung mit. So lange ich in Bewegung war ging es, aber als später im Lokal das Essen serviert wurde, fühlte ich mich schon wieder bedenklich schlecht. Übelkeit, Kopfschmerzen und schon wieder diese Benommenheit im Kopf. Obwohl ich eigentlich schon wusste, dass meine Magenmittel keine echte Hilfe waren, verzog ich mich auf Toilette und nahm Tropfen und Pulver ein. Natürlich ohne Erfolg. Ich muss so elend ausgesehen haben, dass mir die Gastwirtin anbot, mich in ihren Privaträumen aufs Sofa legen zu können. „Peinlich, oh wie peinlich", ging es mir nur durch den Kopf, aber ich nahm das Angebot an. Ich befürchtete, die Kontrolle über meinen Körper zu verlieren, zitternd lag ich auf einem fremden Sofa. Damals dachte ich, das müsse eine Panikattacke sein. Heute weiß ich es besser. Nach einer Weile konnte ich mich wieder aufrappeln. Ich war total beschämt, auch wenn ich für meine Beschwerden nichts konnte. Aber der Gedanke, dass meine Kollegen nebenan sitzen und feiern, während ich irgendwie versuche, meinen Körper unter Kontrolle zu bekommen, war peinlich und hilflos zugleich. Der Tag endete damit, dass mich zwei Kolleginnen – viele Züge früher als geplant – nach Hause begleiteten, wo ich mich völlig ratlos und überfordert mit der Situation vor eine Rotlichtlampe setzte.

Aber recht schnell meldete sich wieder mein Kämpfergeist. Es musste doch möglich sein, meinen körperlichen Zustand wieder zu verbessern. Zusätzlich zu dem zur Routine gewordenen „Einrenken", meldete ich mich in einer Physiotherapiepraxis für ein Gerätetraining an. Den Sommer 2005 verbrachte ich damit, meine Halsmuskulatur aufzubauen. Das ging gründlich schief. Wahrscheinlich hatte ich noch mein Leistungsvermögen aus Judotagen vor Augen oder es waren die falschen Übungen für mein Problem. Ich weiß es nicht mehr im Detail, aber ich kann mich noch genau daran erinnern, dass während der drei Trainingsmonate die Blockaden im Halswirbelsäulen- und Brustwirbelsäulenbereich zunahmen. Ich hatte Schmerzen in der linken Gesichtshälfte, das linke Ohr und die Zähne taten weh. Also brach ich das Gerätetraining wieder ab.

Getreu dem Motto „Aufgeben ist was für Weicheier" – an markigen Sprüchen aus meiner Judozeit mangelte es mir nicht – versuchte ich etwas anderes. Ich war zu diesem Zeitpunkt 29 Jahre alt, diesen körperlichen Zustand zu akzeptieren kam für mich nicht in Frage. Glauben Sie mir, ich bin heute froh, dass ich damals noch nicht wusste, was noch auf mich zukam. Vielleicht hätte ich sonst resigniert.

Mein Hausarzt empfahl mir einen Orthopäden. „Der behandelt nur Privatpatienten", wurde mir vielversprechend mitgeteilt. Ja, ich bin privatversichert. Das ist Fluch und Segen zugleich. Aber später mehr dazu. Der Orthopäde erkannte auf dem Röntgenbild eine Steilstellung der Wirbelsäule. Er verordnete mir eine sogenannte Trigger-Osteopraktik zur Linderung der Schmerzen. Ach ja, und ich bekam die obligatorischen Einlagen verschrieben. Neue Hoffnung kam auf. „Ich besorge mir die Einlagen und gehe zu diesem „Triggern" und dann bin ich bald wieder fit." Denkste. Haben Sie eine Vorstellung davon , was Trigger-Osteopraktik ist? Ich versuche mal, es zu beschreiben. Bei der Behandlung werden die Trigger (verkürzte und verdickte Muskelfasern) mit Hilfe von Stoßwellen bearbeitet. Dadurch sollen die Trigger als Hauptursache von chronischen Schmerzen und Verspannungen beseitigt werden. Das heißt, auf Stellen des Körpers, die ohnehin schon schmerzen, wird besonderer Druck ausgeübt. Ja, es fühlt sich genauso fies an, wie es sich anhört. Aber ein Versuch war es wert.

Nach der Behandlung fühlte ich mich immer ganz besonders elend. Den 30minütigen Heimweg konnte ich häufig nicht mehr selber bewältigen, so dass meine Mutter fahren musste. Von Dezember 2005 bis März 2006 habe ich mich in regelmäßigen Abständen der Behandlung unterzogen. Zusätzlich ging ich weiterhin zum „Einrenken" zu einem Chiropraktiker. Meine Probleme blieben jedoch bestehen. Ich stellte fest, dass es schlimmer wurde bei sportlichen Aktivitäten, wie beispielsweise Wandern, Crosstrainer oder Hanteltraining und bei Zugluft am Hals.

Eine neue Idee musste her. Im Mai 2006 begab ich mich in eine Praxis für Physikalische Therapie und Krankengymnastik. Dort wurden Hals und Rücken mobilisiert. Zunächst stellte sich erfreulicherweise eine Verbesserung ein. Doch kurz darauf, Ende Juni 2006, traten plötzlich Kopfschmerzen auf und ein Druckgefühl im Kopf, das mich lange nicht mehr los ließ. Zwischenzeitlich hatte ich den Orthopäden gewechselt. Der Neue kam auf die Idee, wegen des anhaltenden Druckgefühls die Nasennebenhöhlen röntgen zu lassen. Die Diagnose lautete dann Nasennebenhöhlenentzündung. Die verordneten Antibiotika halfen nicht. In den nächsten Wochen blieben die Kopfschmerzen und der Druck im Kopf mein ständiger Begleiter. Ich nahm Unmengen „Paracetamol". War ich zu Beginn der Beschwerden noch optimistisch, das Problem schnell zu lösen, fing der schlechte körperliche Zustand nun doch an, mir an die Substanz zu gehen. So langsam wurde auch mein Arbeitsalltag immer beschwerlicher. Mit dem ständigen Druck im Kopf fiel es schwer, sich den ganzen Tag zu konzentrieren.

Im August 2006 suchte ich daher einen Neurologen auf. Das angefertigte EEG war ohne Befund. Es folgten die üblichen Routine-Fragen, wie „Haben Sie Stress?" Entnervt von den vorausgegangenen Terminen beim Hausarzt, zweier Orthopäden und diverser Röntgenaufnahmen – die allesamt ohne Erfolg blieben – lautete meine Antwort: „Ich bin Beamtin, ich habe keinen Stress!" Der Neurologe, so glaube ich zumindest, fand die Antwort lustig. Im Nachhinein kann ich auch darüber lachen, aber in dem Moment fühlte ich mich einfach nicht ernstgenommen. Bei dieser Gelegenheit: sorry, liebe Kolleginnen und Kollegen. Meine Aussage war nicht wirklich so gemeint. Wer mich kennt, weiß, dass ich manchmal spreche und erst dann nachdenke. Nun ja, zuletzt legte mir der Neurologe nahe, ich solle ein Migräne-Tagebuch führen. Aha, neue Diagnose: Migräne.

Natürlich führte ich kein Migräne-Tagebuch. Nach den unzähligen Besuchen beim Chiropraktiker erhärtete sich mein leiser Verdacht, der Knackpunkt könnte sprichwörtlich im Nacken liegen. Bislang ging nur leider keiner der Ärzte richtig darauf ein. Ich führte also die Physikalische Therapie fort, obwohl mir irgendwann auffiel, dass die Kopfschmerzen, der Druck im Kopf, das Benommenheitsgefühl und das Rauschen auf den Ohren nach der Behandlung besonders schlimm waren. Anfangs trat bei Behandlungspausen noch eine Linderung ein. Seit Oktober 2006 bestanden die Probleme jedoch dauerhaft. Daher brach ich auch diese Behandlung ab und blieb zermürbt und ratlos zurück. Zwischenzeitlich hatten wir Ende 2006, mit mir war es kontinuierlich bergab gegangen und keine Lösung in Sicht. Um die Feier an meinem 30. Geburtstag zu überstehen, musste ich alle paar Stunden Schmerzmittel nehmen. Mein gesellschaftliches Leben fing auch an zu leiden. Immer öfter musste ich Einladungen kurzfristig absagen, weil es mir nicht gut ging, oder mich bei Ausschusssitzungen im Rathaus entschuldigen. Auf der Arbeit wurden die Fehltage mehr. Die beiden letzten Urlaube in den Jahren 2005 und 2006 standen auch unter dem Einfluss meiner Probleme.

Irgendetwas musste ich mir einfallen lassen. Man kann wirklich nicht behaupten, ich sei der alternative Typ. Im Grunde bin ich total rational und verlasse mich auf das, was ich sehen und verstehen kann. Spirituelle Ansätze sind mir fremd, Sie können mich maximal dabei erwischen, wie ich mein Horoskop in einer Frauenzeitschrift lese. Aber dem wird natürlich nur dann Bedeutung beigemessen, wenn etwas Positives drinsteht. Selbst, wenn meine Tanten mal wieder über die Ausstrahlung des Goloringes, Keltenmythen usw. sprechen, schüttele ich innerlich den Kopf. Aber der Leidensdruck war inzwischen so groß, dass ich bereit war, andere Wege einzuschlagen. Und so landete ich Ende 2006 bei einer Heilpraktikerin, die auch kinesiologisch, also nach einem alternativmedizinischen Diagnose- und Behandlungskonzept, arbeitete. Ich habe ernsthaft versucht, mich auf die Behandlung einzulassen. Auch wenn jeder Termin damit anfing, dass ich große Hausschuhe, ähnlich denen bei einer Schlossbesichtigung, anziehen musste. Auf jeden Fall bekam ich eine neue Diagnose: Quecksilbervergiftung, und den dringenden Rat, meine drei alten Amalgamfüllungen entfernen zu lassen. Die Erklärung schien mir einleuchtend: das Quecksilber setze sich im Nervensystem ab. Durch die bisherigen Behandlungen würden die Ablagerungen immer wieder aufgewühlt.

Also kamen die Füllungen raus und es folgte eine Entgiftung mit grünen Algen-Tabletten. Soweit ich weiß, ist das kein ungewöhnlicher Weg, bestimmt war die Zahnsanierung samt Entgiftung insgesamt sinnvoll, nur leider änderte dies nichts an meinem Befinden. Wieder unzählige Warte- und Behandlungszimmerstunden umsonst. Aber dafür stapelten sich wieder die Rechungen. Falls Sie das wundert: auch eine private Krankenversicherung zahlt nicht alles. Ach ja, und einer der drei sanierten Zähne ist auch weg. Er hat wohl den Verlust des Amalgams nicht verschmerzt und musste ein halbes Jahr später raus. Erfolg auf ganzer Linie also. Als die Heilpraktikerin anfing, den Grund meiner Beschwerden im familiären Bereich zu suchen und mir vorschlug, eine Familienaufstellung zu machen, war meine Toleranzgrenze erreicht. Das war in meinen Augen nicht mehr alternativ, sondern Hokuspokus. Weitere Termine nahm ich dort nicht mehr wahr.

Keine Ahnung, wie es anderen Personen in meiner Lage gegangen wäre, aber ich fing ernsthaft an, mir Sorgen zu machen. Die Kopfschmerzen, der Druck und all die anderen Beschwerden in der Kopfregion, mangels besseren Wissens befürchtete ich einen Hirntumor haben zu können. Das musste ich klären. Im Januar 2007 hatte ich meine erste MRT-Untersuchung. Nachdem ich den Fragebogen ausgefüllt und bei Grund der Untersuchung „Halswirbelsäule (HWS)/Kopf" angegeben hatte, empfing mich die Dame in der Radiologie mit den Worten: „Seit wann haben Sie den Bandscheibenvorfall?" Moment, gab es da eine Diagnose, von der ich nichts wusste? Zum wiederholten Male wurde ich mit dem klassischen Schubladendenken im deutschen Gesundheitssystem konfrontiert. Halswirbelsäule, das muss die Bandscheibe sein. Aus Angst vor dem Untersuchungsergebnis verkniff ich mir eine entsprechende Antwort. Es dauerte ewig, bis uns ein Arzt das Ergebnis mitteilte. Ich weiß noch genau, wie ich im Wartezimmer zu meiner Mutter sagte: „Was ist, wenn die mir jetzt sagen, ich habe einen Gehirntumor?" Meine Mutter versuchte mich zu beruhigen, aber wir waren beide nervös. Die Erleichterung war groß, als mir mitgeteilt wurde, dass nur eine kleine Wurzeltaschenzyste im Bereich des 6. Halswirbels als Zufallsbefund entdeckt worden sei, die aber laut Neurochirurgen nicht ursächlich für meine Probleme sein könne und auch dort bleiben könne, wo sie sei.

Die Erleichterung hielt nicht lange an, da ich immer noch nicht wusste, was mit mir los war. Kopfschmerzen mit Druck am linken Hinterkopf, größte Probleme morgens beim Aufstehen, Rauschen auf den Ohren, Gefühl im Kopf wie ein Dampfkessel mit Überdruck, Benommenheit, Dusselgefühl, verspannte Halsmuskulatur links und weiterhin Übelkeit und Magenprobleme, dafür musste es doch eine Erklärung geben. Neu in meiner Sammlung waren jetzt auch noch Darmprobleme. Kaum hatte ich gegessen, musste ich auf Toilette. Das war so schlimm, dass manchmal der kürzeste Weg noch zu lang war.

Privat war mit mir Anfang 2007 schon nicht mehr viel los. Beruflich versuchte ich mein Leistungsvermögen so gut zu halten, wie es ging. Aber es war nicht mehr zu verbergen, dass etwas mit mir nicht stimmte. Eine liebe Kollegin brachte es einmal auf den Punkt: „Du bist nur noch ein Schatten deiner selbst." Im Januar 2007 verbrachte ich auf Empfehlung eine Woche zur Intensiv-Behandlung bei Orthopäden in Süddeutschland. Ich bekam einen ersten Hinweis, dass ich mit meinem Verdacht HWS/Hinterkopf richtig lag. Aufgrund einer Facetteninstabilität im Bereich des 2. bzw. 3. Halswirbels entstünden bei mir die Blockaden, wurde mir mitgeteilt. Behandelt wurde dieser Bereich merkwürdigerweise jedoch nicht. Die Ärzte dort kümmerten sich nur um meine Hüfte, da ich angeblich eine Hüftfehlstellung hätte. Na ja, nach 21 Jahren Judo war das kein Wunder, wenn ich an die tausendfach wiederholten Würfe mit eingedrehter Hüfte denke. Wieder eine neue Diagnose also, aber irgendwie hatte ich Zweifel und behielt den Gedanken an meinen Hals im Blick. Da jedoch trotz Intensivbehandlung keine Besserung eintrat, vielmehr die Symptome durch die Behandlung verstärkt wurden und auch jeder

Versuch Sport zu machen, um mich zu stabilisieren, zu schlimmeren Beschwerden führte, wurde ich unsicher, ob ich mit dem Hals-Verdacht tatsächlich auf der richtigen Spur war.

Mehr zufällig stolperte ich im Februar 2007 über das Thema Umweltgift und setzte in meiner Verzweiflung zunächst alles auf diese Karte. Einige meiner Symptome konnten auch von einer Holzschutzmittelvergiftung kommen. In meiner damaligen Wohnung waren alle Decken mit Holzpaneelen verkleidet. Das könnte passen, dachte ich. Eine von mir beauftragte Baubiologin testete die Wohnung und konnte Formaldehyd nachweisen. Im März 2007 suchte ich dann einen Umweltmediziner auf, der mir nach einer Reihe von Tests mitteilte, ich hätte eine toxikologische Granulation der weißen Blutkörperchen. Puh, das hörte sich gar nicht gut an. Aber zumindest gab es mal wieder eine neue Diagnose. Ich glaube, in meinem Umfeld habe ich für reichlich Verwirrung gesorgt, da ich in regelmäßigen Abständen mit einer neuen Diagnose ankam. Aber was sollte ich machen? Irgendwie passten meine Symptome immer ganz gut auf die jeweiligen Diagnosen. Und wenn die Not groß genug ist, probiert man die empfohlene Therapie aus. Ich konnte ja nicht ahnen, dass es fast drei Jahre dauern sollte, bis jemand wirklich herausfand, was mir fehlte.

Noch mal zurück zu toxikologischen Granulation. In meiner Panik, dass es jede weitere Nacht in dieser Wohnung nur noch schlimmer machen könnte, schlief ich vorübergehend bei meinen Eltern und suchte mir schnellstmöglich eine neue Wohnung. Das Ganze lief natürlich nicht ohne Ärger und Aufsehen ab. Meine bisherigen Vermieter waren „not amused", als ich ihnen mitteilte, was ich die Wohnung betreffend herausgefunden hatte. Meiner eigenen Kündigung kamen sie zuvor, indem sie mich per Einschreiben aufforderten, das Mietverhältnis schnellstmöglich zu beenden. Außerdem drohten sie mir rechtliche Schritte an, sollte ich Dritten erzählen, ihre Wohnung sei gesundheitsschädlich. Das hatte ich gar nicht vor. Ich hielt es nur für angebracht, meinen Vermietern zu sagen, was die Untersuchungen ergeben hatten und dass ich erwäge auszuziehen. Im Nachhinein betrachtet hätte ich mir wohl besser ohne Angabe von Gründen eine neue Wohnung gesucht - das hätte viele Konflikte vermieden. Mit dem Wissen von heute, gehe ich davon aus, dass ein gesunder Mensch gar nicht auf das verwendete Holzschutzmittel reagiert hätte. Aber bei meinem angeschlagenen Körper war die chemische Belastung einfach zu viel.

Was danach folgte, hätte auch in einen Siencefiction-Alien-Film gepasst. Bei dem Umweltarzt begann ich eine Entgiftungsbehandlung. Sauerstoffmaske, Infusionen und Akkupunkturnadeln im Kopfbereich, waren erst mal die Grundausstattung. Im Mai 2007 zog ich in eine neue Wohnung. Da ich nicht alle alten Möbel entsorgen wollte, musste dafür Sorge getragen werden, dass die „kontaminierten" Möbel aus der alten Wohnung keinen Schaden mehr anrichten konnten. Entsprechend vorbereitet von der Baubiologin fand ich in einem Fachgeschäft für ökologische Baustoffe das richtige Mittel: silberfarbenes Aluminiumklebeband. Das mag in heutiger Zeit merkwürdig anmuten, da sich die Deo-Hersteller gerade dabei überbieten, wer das bessere Antitranspirant ohne Aluminium hat, aber um das Ausdünsten von Schadstoffen einzudämmen, war es damals erste Wahl. Also machte ich mich ans Werk und beklebte sämtliche Möbel, die auf der Rückseite Spanplatten hatten, mit der silbernen Folie. Als ich mit der Rückwand meines Kleiderschrankes fertig war, hatte ich Angst, Funksignale stören zu können. Das war schon verdammt viel Klebefolie. Aber gut ich zog die Klebeaktion durch und brachte auch die Behandlung bei dem Umweltarzt hinter mich. Während des Abschlussgespräches teilte der Arzt mir die kernigen Weisheiten mit, ich solle nicht jede Reaktion meines Körpers überbewerten und ich müsse mir Verdrängungsmechanismen zulegen. Ich dachte bei mir: „Wenn ich dir jetzt gegen dein Schienbein trete, kannst du das dann auch verdrängen?" Aber zwischenzeitlich hatte ich eine wahrhaft buddhistische Gelassenheit Ärzten gegenüber gelernt, so dass meine Gedanken nicht den Weg aus meinem Mund fanden.

Ein wenig vitaler fühlte ich mich nach der Behandlung aber die Probleme im Kopfbereich blieben, insofern war ich eigentlich wieder keinen Schritt weiter. Jetzt hatte ich zwar eine neue Wohnung und ein halbes Vermögen in dieses Klebeband investiert, aber es ging mir weiterhin schlecht. Die Suche ging weiter. Zunächst möchte ich aber noch kurz eine andere Anekdote erzählen: Während der Entgiftungsbehandlung legte mir der Umweltarzt einen Besuch beim Psychologen nahe. Dies würde er allen seinen Patienten raten, da Menschen mit Umweltvergiftungen mit so vielen Problemen zu kämpfen hatten, dass eine Unterstützung notwendig sei. OK?! „Was soll ich beim Psychologen?", war mein erster Gedanke. Aber ich traute mich nicht richtig, den Ratschlag abzulehnen, schließlich befand ich mich noch mitten in der Behandlung, und so machte ich einen Termin bei dem vorgeschlagenen Psychologen aus. Der Mann war nett, also plauderten wir über dieses und jenes, ich erläuterte ihm meine gesundheitlichen Probleme usw. Bei unserem dritten Termin erlebte ich dann ein Novum in meiner bisherigen Krankheitsgeschichte. Der Psychologe teilte mir mit, dass wir keine weiteren Termine ausmachen müssten, da ich ihn offensichtlich nicht brauchte. Das war neu. Da wollte ausnahmsweise mal jemand kein Geld an mir verdienen. Diese Ehrlichkeit war erfrischend. Sie ist auch der Grund dafür, dass ich an dieser Stelle nicht spekuliere, ob Umweltarzt und Psychologe eine Absprache hatten.

Mit neuem Mut wagte ich im Juli 2007 noch einen zweiten Versuch bei den Orthopäden in Süddeutschland. Ich weiß gar nicht mehr genau, warum, schließlich hatte der erste Aufenthalt nichts gebracht. Vermutlich war das reiner Aktionismus, um irgendetwas zu unternehmen und nicht einfach aufzustecken Aber auch dieses Mal verschlimmerten sich nach einer Woche Intensivbehandlung mit Physiotherapie, Kälteanwendung, Bewegungsbad etc., die Symptome. Druck im Kopf, Übelkeit und Benommenheit nahmen zu. Leider wurde auch während meines zweiten Aufenthalts seitens der Orthopäden nur der Hüftbereich behandelt und das gleiche Programm wie im Januar abgespult, auf meinen Hals ging man wieder nicht ein. Das lag wohl außerhalb des Standardprogramms. Ein zweites Mal die Kosten für die Fahrt und eine Woche Ferienwohnung umsonst.

Ich war inzwischen dazu übergegangen, größere Mengen „Paracetamol" und später „Ibuprofen" zu nehmen, um zumindest halbwegs das Druckgefühl im Kopf einzudämmen. Leider mit wenig Erfolg. Mir war klar, dass der übermäßige Schmerzmittelgebrauch keine Lösung war, aber ich wusste mir nicht anders zu helfen. Irgendwie musste ich ja arbeitsfähig bleiben. Wirklich gut ging das allerdings schon längst nicht mehr. Ende Juli 2007 konsultierte ich einen neuen Neurologen. Der vorherige mit dem Migräne-Tagebuch war raus, da wollte ich nicht mehr hin. Der Neue empfahl mir ein angeblich gut verträgliches Psychopharmakon, welches auch bei Patienten mit anhaltenden Schmerzen als Schmerzmittel eingesetzt würde. Allein bei dem Gedanken drehte sich mir der Magen um, aber mein Leidensdruck war zwischenzeitlich so groß, dass ich einwilligte und über zwei Monate diese Tabletten nahm. Von wegen gut verträglich! Entweder war die Dosis falsch oder ich machte Fehler bei der Einnahme. Immer wenn die Wirkung der Tablette nachließ, kamen die vorher zum Teil eingedämmten Beschwerden mit voller Wucht zurück. So war das auch nix. Eigenmächtig setzte ich die chemische Keule ab. Ich wollte lieber meine Symptome spüren, dafür aber sonst Herr meiner Sinne sein. Schließlich war ich immer noch an der Erforschung der Ursachen meiner Beschwerden interessiert und nicht an der pauschalen Bekämpfung der Symptome.

An der Stelle fasse ich noch mal kurz zusammen. Laut der bisherigen Diagnosen hatte ich einen Reizmagen, eine Steilstellung der Halswirbelsäule, eine Nasennebenhöhlenentzündung, Migräne, eine Quecksilbervergiftung, einen Bandscheibenvorfall, eine Schiefstellung der Hüfte, eine Umweltvergiftung und dazu noch einen übermäßigen Schmerzmittelgebrauch. Eine interessante

Mischung. Aber zumindest hatte ich laut Psychologen anscheinend keine psychischen Probleme, das war ja auch schon mal etwas. Was davon wirklich zutraf? Das überlasse ich Ihrer Beurteilung. Nur so viel, alle vorgeschlagenen und bis dahin ausprobierten Behandlungen schlugen fehl.

Wie das so ist, man spricht mit verschiedenen Personen über seine Beschwerden und bekommt den einen oder anderen Ratschlag. „Ich kenne einen Heilpraktiker, der ist genau auf solch komplizierten Fälle spezialisiert. Der bekommt sicher raus, was mit dir los ist." So die Worte einer ehemaligen Kollegin. Was hatte ich zu verlieren, einen letzten Versuch wagte ich noch. Nach umfangreichen Blutanalysen, die zahlreiche Belastungen, Unterversorgungen etc. aufwiesen, begann ich bei besagtem Heilpraktiker die Behandlung. Irgendwie hatte auch er sich in den Kopf gesetzt, mich zu entgiften. Zusätzlich entdeckte er noch einen Darmpilz. Um diesen loszuwerden, musste ich eine spezielle Diät halten und verschiedene Tropfen einnehmen. Diät war kein Problem. Nach den ganzen Tropfen hatte ich ohnehin keinen Hunger mehr. An die Zeit in dieser Praxis habe ich nur merkwürdige Erinnerungen. Irgendwie hatte das Ganze Hinterhofcharakter. Im September 2007 schmiss ich die Behandlung hin. Leidensdruck hin oder her, aber ich habe auch meine Grenzen.

Wir hatten also September 2007, ich war gerade 31 Jahre alt geworden und nur noch ein Häufchen Elend. Die täglichen Beschwerden, die mein Leben komplett beeinflussten, die gescheiterten Behandlungsversuche, die Hilflosigkeit, das alles zermürbte zunehmend. Ich war ständig schlapp und müde, morgens brauchte ich ewig, um in die Gänge zu kommen. Es ging mir so schlecht, dass ich zweimal mitten in der Nacht ängstlich meine Eltern anrief und diese mir dann zur Hilfe eilten. Mir war die Luft weggeblieben, das Herz raste und der Kopf fühlte sich merkwürdig an. Das passiert immer mal wieder, nur erschreckt es mich heute nicht mehr so. Meine Fehlzeiten auf der Arbeit stiegen kontinuierlich an. In Urlaub fuhr ich im Jahr 2007 schon gar nicht mehr. Verunsichert von all den Diagnosen, die ich seit 2004 zu hören bekam, wusste ich nicht mehr, was ich glauben sollte. Es war doch etwas mit meinem Nacken nicht in Ordnung, da war ich mir sicher, aber die ganzen Beschwerden konnten doch nicht nur daher kommen, oder?

Ein letztes Mal wollte ich auf die Empfehlung einer Kollegin hören und konsultierte den vorgeschlagenen Internisten. Relativ mutlos saß ich mit meiner Mutter im Sprechzimmer. Alleine habe ich mich schon gar nicht mehr zu einem Arzt getraut. Der Arzt berichtete mir später, ich habe gewirkt, wie ein „geschlagener Hund". Ich war echt übel dran, schilderte aber ausführlich das ganze Spektrum meiner Beschwerden. Da ich einen Internisten aufgesucht hatte, kam ich nicht auf die Idee, meinen Verdacht mit dem Nacken zu äußern. Gegen Ende eines ausführlichen Gesprächs geschah dann etwas, das ich heute als Wendepunkt in meiner Geschichte betrachte. Ich sehe es noch genau vor mir, wie ich völlig ungläubig diesem Arzt gegenüber sitze. Hatte er wirklich gerade gefragt, ob ich auch Probleme mit dem Nacken habe? Das konnte doch nicht sein. Ich habe die letzten Jahre damit verbracht, zu erklären, dass etwas mit meinem Hinterkopf nicht stimmt. Ich bin auf so viele falsche Diagnosen und taube Ohren gestoßen, dass ich fast so weit war, das aufzugeben, wovon ich eigentlich immer überzeugt war. Immer und immer wieder habe ich hinten links an meinen Hinterkopf gezeigt, lange ohne Erfolg. Und dann das! Ein Internist stellte plötzlich die richtigen Fragen. „Jaaa", war das Einzige, was ich in dem Moment rausbrachte. „Wir müssen einige Laboruntersuchungen machen, aber ich weiß, was mit Ihnen los ist." Manchmal ist es einfach Glück, im richtigen Moment am richtigen Ort zu sein. Dieses Mal war das Glück endlich auf meiner Seite.

Die Diagnose

Ich erfuhr, in einfachen Worten ausgedrückt, dass bei mir durch eine Verletzung am Hals eine Störung der Mitochondrienfunktion entstanden ist.

Aber was für eine Verletzung sollte das sein? Mir fielen aus der Vergangenheit drei Vorfälle ein, die meinem Hals einen Knacks versetzt haben könnten. Da gab es zum einen den Autounfall während einer Dienstfahrt. Wir fuhren frontal in den Reifen eines LKWs, der uns die Vorfahrt genommen hatte. Es war großes Glück, dass damals nicht mehr passiert ist. Im Krankenhaus wurden wir untersucht, es wurden Prellungen festgestellt und die typische Halskrause verordnet. Die Röntgenaufnahmen der Wirbelsäule waren ohne Befund. Nach ein paar Tagen verschwanden die Unfallfolgen.

Dann hatte ich eine Zahnoperation, die in Vollnarkose durchgeführt wurde. Ich weiß, dass ich danach eine Weile Schmerzen im Nacken hatte, aber zu diesem Zeitpunkt habe ich da nicht bewusst drauf geachtet.

Und zuletzt gab es noch eine unkontrollierte Rolle rückwärts beim Judotraining. Ich hatte damals das Gefühl, es hätte am Hals geknackt. Aber auch hier, keine bemerkenswerten Folgen, nach 2-3 Tagen war der steife Hals verschwunden.

Rückblickend lässt sich nicht mehr ermitteln, wodurch genau eine Verletzung entstanden ist. War es ein Ereignis allein, oder vielmehr die Summe aller Ereignisse? Dass Autounfälle Hauptverursacher von sogenannten Halswirbelsäulen-Beschleunigungsverletzungen sind, ist bekannt. Aber auch Vollnarkosen stehen im Verdacht, das Genick zu schädigen. „Der Kopf des Patienten wird dabei nach hinten gebogen und das Genick unnatürlich stark gedehnt. Wenn dann schon kleine Vorschäden da sind, kann eine Operation sogar Auslöser für massive Symptome sein." [1], heißt es in einem Fachbuch. Es besteht auch der Verdacht, dass die Fall- und Wurfbelastungen durch den Judosport insgesamt zu der Schädigung geführt haben. Missglückte Stürze und die Kampftechnik führen häufig zu derartigen Schädigungen. Es gibt inzwischen mehrere Veröffentlichungen, die sich mit den typischen Schäden von Kampfsportlern befassen. Auch ist bekannt, dass junge und sportliche Menschen Verletzungen der Halswirbelsäule lange kompensieren können. So wird es vermutlich auch bei mir gewesen sein. Nach den oben geschilderten Vorkommnissen vergingen – ausgehend vom kürzesten Zeitraum – ca. 13 Monate, bis die ersten Beschwerden auftraten, sogar mehr als zwei Jahre, bis die ersten Probleme konkret am Nacken einsetzten.

Auf jeden Fall war klar, dass mit meinem Hals etwas nicht stimmte, den Verdacht hatte ich ja schon länger. Um was es sich genau handelte, sollte ich erst viel später erfahren. Für den Beginn der Behandlung war das genaue Verletzungsmuster zunächst zweitrangig. In einem ersten Schritt sollte die Störung der Mitochondrienfunktion behandelt und mir wieder zu einer besseren körperlichen Verfassung verholfen werden.

Mitochondrien, damit hatte ich mich vermutlich schon einmal im Biologie-Leistungskurs beschäftigt, aber das lag lange zurück. Mein Arzt erklärte mir, dass die Mitochondrien die „Kraftwerke" in unseren Zellen sind, sie sind wichtig für die Bereitstellung von Energie für unseren Körper. Wenn die Funktion der Mitochondrien gestört ist, hat das für den Menschen weitreichende Auswirkungen. Die von meinem Arzt veranlassten Laboruntersuchungen bewiesen, dass er mit seiner Einschätzung richtig lag. Sowohl der deutlich erhöhte Wert von Citrullin im Urin als Parameter für nitrosativen Stress (unter nitrosativem Stress versteht man ein Überangebot an Stickstoffmonoxid), als auch das ermittelte Verhältnis der Laktat-Pyruvat-Konzentration im Blut als Hinweis auf eine gestörte Mitochondrienfunktion, ergaben ein eindeutiges Bild.

Nachdem das klar war, wurde Ende Oktober 2007 ein entsprechendes Therapiekonzept erstellt. Ich nahm verschiedene Mikronährstoffe ein und versuche nach Möglichkeit kohlenhydrat- und histaminarm zu essen.

* * *

Ernährungsvorgaben oder „Süßigkeiten sind böse!"

Eine der goldenen Regeln im Rahmen der Mitochondrientherapie ist die Einhaltung von LOGI-Kost. LOGI bedeutet „Low Glycemic Index", also geringe glykämische Last. Im Umkehrschluss heißt das, Nahrungsmittel mit hoher glykämischer Last sind zu meiden. Dazu gehören u.a. Zucker, Süßigkeiten, Mehlspeisen, Nudeln oder Weißmehlprodukte, kurzum, kohlenhydratreiche Lebensmittel.

Aber was haben die Kohlenhydrate mit der Mitochondropathie zu tun? Die genauen biochemischen Zusammenhänge sind für jemanden ohne Chemie- oder Medizinstudium schwer zu ergründen. Zu viele Fremdwörter, wie Zitronensäurezyklus oder Pyruvatverwertung, machen die Sache kompliziert. Ich habe versucht, mir die Hintergründe wie folgt zu erklären: Wenn Mitochondrien in ihrer Funktion eingeschränkt sind, wirkt sich das auf den Stoffwechsel aus. So wird dann beim Kohlenhydratstoffwechsel Laktat (= Milchsäure) gebildet, was zu einer Störung in der Energiebildung führt. Die Kohlenhydrate können bei einer Mitochondropathie also nicht ordnungsgemäß verwertet werden. Das merkt man auch, der Verzehr von Kohlenhydraten kann zu verstärkten Müdigkeitseinbrüchen führen.

Was heißt das jetzt für mich? Bei der LOGI-Kost sieht die Ernährungspyramide etwas anders aus, als sie uns üblicherweise bekannt ist. Die Basis der Pyramide bilden Obst und stärkefreies Gemüse (stärkehaltig sind zum Beispiel Linsen und Bohnen), sowie gutes Öl. Auf der nächsten Stufe folgen fettarme Milchprodukte, mageres Fleisch, Fisch, Geflügel, Nüsse und Hülsenfrüchte, sowie Eier. Stufe drei bilden Vollkornprodukte, Nudeln und Reis. Zuletzt und in der Spitze der Pyramide finden sich Süßigkeiten, süße Getränke, Kartoffeln und verarbeitetes Getreide (Weißmehl). [2] Soweit also die Theorie.

Bis zu meiner Diagnose hatte ich mich nur geringfügig mit der Thematik „Ernährung" befasst. Zu meiner aktiven Judo-Zeit war es im Hinblick auf das Einhalten einer Gewichtsklasse wichtig, die Kalorienzufuhr im Blick zu haben. Über andere Bewertungsmethoden habe ich mir keine Gedanken gemacht. Ich betrat also Neuland und begann erst mal mich darüber zu informieren, welche Nahrungsmittel wie viele Kohlenhydrate haben. Durch Supermärkte ging ich nur noch mit Blick nach unten, die Inhaltsstoffe auf jeder Packung lesend. Relativ schnell wurde mir klar, dass ich mit verarbeiteten Lebensmittel nicht besonders weit komme, sondern auf frische Kost umsteigen musste. Gemüse, Gemüse und noch mal Gemüse. Auf die Dauer auch eintönig. Neben dem Thema „Kohlenhydrate" gab es noch einen anderen Inhaltsstoff, auf den ich plötzlich achten musste: Histamin. Das hatte gar nichts mit der Mitochondropathie zu tun, sondern lag vielmehr an der damals schlechten Verfassung meines Darms, genauer gesagt, der Darmschleimhaut. Dass beide Bereiche zusammenfielen war Zufall, aber ein sehr nerviger. Glücklicherweise war die Sache mit dem Histamin kein dauerhaftes Problem, da mir nicht das Enzym zum Abbau von Histamin fehlte – wie es bei Menschen mit Unverträglichkeiten oft der Fall ist – sondern einfach nur der Darm ordentlich saniert werden musste. Aber bis das geschehen war, musste ich darauf achten, möglichst wenig Histamin zu mir zu nehmen, da ich ansonsten mit langanhaltenden Juckattacken rechnen musste. Also steigerte ich meine Einkaufsvorgaben auf kohlenhydrat- plus histaminarm. Das stellte mich damals vor ungeahnte Herausforderungen. Eine ganze Menge Lebensmittel, die ich als kohlenhydratarm eingestuft hatte, waren jedoch histaminhaltig. So zum Beispiel Spinat, Erdbeeren, reife Käsesorten, gepökelte Wurstsorten oder Thunfisch. Eingelegte und konservierte Lebensmittel, sowie Fertiggerichte sollte ich besser auch meiden. Bei Fleisch und Fisch ist die Kühlkette enorm wichtig. Wird die nicht eingehalten, steigt wiederum der Histamingehalt. Vor diesem Hintergrund erstellte ich eine Liste, mit allen Lebensmitteln, die aus LOGI-Sicht in Ordnung waren. Dahinter trug ich in einer weiteren Spalte ein, wie der Histamingehalt aussah. Diese Liste hatte ich dann erst mal überall dabei. Letztendlich musste ich mich eine ganze

Weile auf „histaminungefährliche" Obst- und Gemüsesorten beschränken, frischen Fisch und frisches Fleisch, Milch und Milchprodukte, wobei auch dort auf die Frische zu achten war. Dinkel- und Roggenprodukte gingen auch, aber davon natürlich nicht so viel. Irgendwo habe ich gelesen, dass untergärige Biere und klare Schnäpse in Ordnung wären. Naja, auch wenn, das war für mich nicht unbedingt eine Ernährungsalternative.

Die Einhaltung der Regeln war echt mühsam, zumindest zu Beginn. Da ich unbedingt auf frische Produkte achten musste, war an Vorratshaltung nur eingeschränkt zu denken. Also rannte ich ständig in den Bioladen, um Nachschub zu kaufen. Nach und nach tastet man sich dann wieder etwas vor und probiert mal etwas anderes. Soweit ich mich erinnern kann, habe ich in der Anfangszeit über ein Jahr ganz konsequent nach diesen Regeln gelebt. Nach erfolgreicher Darmsanierung konnte ich das Thema „Histamin" zum Glück etwas schleifen lassen. Einige Dinge, wie zum Beispiel Erdbeeren, habe ich aber nie wieder gegessen. Natürlich hatte dieses ganze Selbstkasteien auch Vorteile, ich verlor eine ganze Menge Gewicht. Das war zunächst eine tolle Sache, wenn schon beim Essen gespart werden musste, dann wenigstens für eine Gegenleistung. Durch den Verlust des regelmäßigen Judotrainings, war der Körper natürlich nicht mehr so – wie heißt es neudeutsch so schön – „in shape", also nahm ich die purzelnden Pfunde erfreut zur Kenntnis. Aber irgendwann wurde es mir zu viel, ich verlor locker zehn Kilo und das rasend schnell. So außer Form war ich nun auch nicht, dass es diese Dimension gebraucht hätte. Meine Klamotten saßen nicht mehr und ich fühlte mich in dem leichteren Körper auch nicht besonders wohl. Da waren mir die Muskeln früher doch lieber. Aus dem Mund einer Frau mag das komisch klingen, aber in meiner Kindheit träumte ich eher davon, Profisportler zu werden, und nicht Model. Jemand sprach mich mal darauf an, meine Kieferknochen würden sich stark abzeichnen, ich müsste mal wieder etwas essen. Wenn das so einfach gewesen wäre. Als ich das Gefühl hatte, gegensteuern zu müssen, griff ich zu einem etwas ungewöhnlichen Mittel und verzierte jede Obstportion mit Sahne. Anstelle von magerem Fleisch, tat es auch schon mal eine Bratwurst. Mit der Zeit stoppte der Gewichtsverlust und heute ist alles wieder normal. Wenn ich mir die Bilder aus der Zeit damals anschaue, muss ich sagen, es ist auch gut so, wie es jetzt ist.

Mit jedem Jahr mehr an Erfahrung mit diesen Ernährungsvorgaben, bekommt man auch ein Gefühl dafür, wann man sich ein Stück Kuchen leisten kann oder ein Eis und wann man besser eng an den Regeln bleibt. Zwei Tage nacheinander „sündigen" sollte man lassen. Ich merke Fehler direkt im Kopf. Während eines Urlaubs ist es natürlich etwas schwieriger, alle Regeln einzuhalten, aber Hotelküchen sind da auch flexibler geworden und man kann Wünsche äußern. Im Zweifel wird die sogenannte Sättigungsbeilage (Nudeln, Kartoffeln etc.) einfach abbestellt. Nur mein Nachtisch, der geht nie zurück, mein Mann erfreut sich sehr an der doppelten Portion. In der Regel ist es für mich am besten, wenn der Tagesablauf halbwegs strukturiert ist und zumindest ein grober Essensplan für mehrere Tage vorliegt. Spontan unterwegs etwas zu Essen zu besorgen, ist schwierig. Sämtliche Imbissbuden und Fast-Food-Läden sind ernährungstechnisch für mich ungeeignet. Auch Bäckereien oder Metzgereien mit warmer Speiseauswahl, Mittagstisch etc. scheiden leider aus. Daher habe ich zumeist immer eine Kleinigkeit dabei, wenn wir länger unterwegs sind. In Ausnahmefällen geht notfalls auch mal eine Portion Pommes (ohne alles) oder eine Bratwurst, wenn sich nichts anderes finden lässt, aber das sollte natürlich nicht oft vorkommen.

Besonders schwierig empfand ich immer die Versorgung während eines Arbeitstages. Ich musste mir jeden Tag mein Essen für die Mittagspause mitnehmen, da ich nicht einfach in die Stadt gehen konnte um mir etwas zu kaufen. Außer Rohkost vom Bioladen, gab es dort ausschließlich Kohlenhydratbomben jeglicher Art. So hieß es also jeden Abend für den nächsten Tag vorzukochen. Auf die Dauer nervt das schon etwas, zumal die Erwärmung in der Mikrowelle auch nicht zu einem besonderen Geschmackserlebnis beiträgt. Aber alles in allem kann man mit diesen Ernährungsvorgaben leben, man muss nur alles ein wenig mehr durchplanen.

*   *   *

Wesentlicher Bestandteil der Mitochondrientherapie war neben den Ernährungsvorgaben außerdem die Einnahme von Vitamin B12. Dies sollte zunächst in Form von Injektionen erfolgen. Davon war ich gar nicht begeistert, wer wäre das schon? Zu Beginn der Behandlung war jeden Tag eine Injektion fällig. So ging ich täglich eine Straße weiter zu einer lieben, medizinisch ausgebildeten Nachbarin, die mir meine Dosis verabreichte. Nach einer Weile konnte ich zum Glück die Injektionen auf zweimal pro Woche reduzieren. Und dann kam ich auf die heroische Idee, es einmal selber zu versuchen. Ich wog gefühlt eine Stunde zwischen Bauch und Oberschenkel ab. Kniff mal dort rein und mal da rein und entschied mich schließlich für den Oberschenkel, der schien mir genug Masse zu haben. Diabetiker wissen jetzt vermutlich, wie ich mich fühlte. Die ersten zwei Spritzen waren eine äußerst zittrige Angelegenheit, danach ging es ganz gut. Aber es wird Sie nicht wundern, dass ich sehr froh war, als ich irgendwann auf Vitamin B12-Tabletten umsteigen konnte.

Bei den ganzen Laboruntersuchungen kam außerdem noch heraus, dass ich einen bestimmten Gen-Defekt habe, der Probleme bei der Phase-1-Entgiftung im Körper verursacht. Daher musste ich zusätzlich auch noch ein spezielles Mittel einnehmen. Wenn mir auch auf dem bisherigen Weg der ein oder andere Eingiftungsansatz merkwürdig vorkam, mag es sein, dass der mangelnde Erfolg u.a. auch damit zusammenhing, dass meine Entgiftung nicht funktionierte.

Die ermittelten Laborergebnisse und das eingeschlagene Behandlungskonzept stimmten mich positiv, aber natürlich wollte ich meinem Problem am Hals auf die Schliche kommen. Daher ließ ich im Dezember 2007 noch mal ein MRT in einem offenen Gerät durchführen, damit ich während der Aufnahmen den Hals vor- und zurückbeugen konnte. Das heißt, ich lag zwar, wie bei solchen Aufnahmen üblich, auf dem Rücken, hatte aber noch genug Platz, um den Kopf in seiner Position zu verändern. Seitens des Radiologen konnten keine krankhaften Veränderungen erkannt werden. Schon wieder nicht. Das enttäuschte mich, auch wenn das komisch klingt, denn wer erfreut sich normalerweise schon an einem negativen Ergebnis, aber ich war fest davon ausgegangen, dass etwas gefunden wird. Da ich mir jedoch inzwischen sicher war, den richtigen Weg eingeschlagen zu haben, warf mich das MRT-Resultat nicht mehr aus der Bahn. Ich wollte mich nicht entmutigen lassen und glaubte fest daran, dass es irgendwann einen bildlichen Nachweis geben würde.

Mein behandelnder Arzt empfahl mir zur Abklärung der weiteren Therapiemaßnahmen einen Termin bei einem Spezialisten auf dem Gebiet der Mitochondrientherapie in Rostock. Immer noch reichlich überfordert mit der komplizierten Materie, folgte ich dem Rat und nahm Kontakt mit diesem Spezialisten auf. Dieser bat mich, vorab noch eine spezielle Röntgenuntersuchung machen zu lassen, um die Verletzung des Halses zu ermitteln. Es handelte sich dabei um ein HWS-Röntgen „nach Sandberg". Dabei muss durch den geöffneten Mund und zusätzlich in Links- und Rechtsneigung des Kopfes geröntgt werden. „Ok, kein Problem", dachte ich. Von wegen. Es mochte daran liegen, dass ich in der Provinz wohne, aber es wurde zum Problem. Die Anrufe bei mehreren Radiologieeinrichtungen und Krankenhäusern blieben erfolglos. „Sandberg? Kennen wir nicht". Ich habe mich also zunächst im Internet schlau gemacht und entsprechende Anweisungen ausgedruckt. Dann fand meine Mutter nach geduldigem Dauer-Telefonieren ein Institut, das sich traute. Zwar war auch dort die Art der Aufnahme nicht bekannt, aber man wollte sich schlau machen. Das Ganze endete so, dass ich der Röntgenassistentin meine Internetausdrucke gab und wir es irgendwie hinbekamen. Die Aufnahmen ergaben aber wieder keine krankhaften Veränderungen. Gut, was das anging, wunderte mich zwischenzeitlich gar nichts mehr. Vielleicht war es auch zu viel verlangt, die Aufnahmen von jemandem auswerten zu lassen, der mit der Aufnahmemethode nicht vertraut war.

Ende März 2008 hatte ich dann meinen Termin in Rostock. In einem zweistündigen Gespräch schilderte ich dem Arzt meinen Zustand. Nach der ganzen Odyssee war es ein wunderbares Gefühl, sich komplett verstanden zu fühlen. Ich konnte erfreulicherweise berichten, dass es durch die bewusstere Ernährung und die Einnahme von Vitamin B12 etc. schon zeitweise leichte Linderungen der Beschwerden gab. Insgesamt waren die Beeinträchtigungen aber noch sehr stark. Insbesondere das Druckgefühl im gesamten Kopfbereich und die vorwiegend morgendliche Benommenheit waren enorm. An konditionelle oder muskuläre Anstrengungen war nicht zu denken. Ich zitiere Ihnen nachfolgend aus der ärztlichen Epikrise, die ich im Nachgang zu meinem Termin erhielt, da diese sehr schonungslos und in erschreckender Deutlichkeit meine körperliche Verfassung im März 2008 darstellt:

Aktuelle Symptome:

Nervensystem:
Zugenommene Müdigkeit, chronische Ein-, Durchschlafstörungen seit 2 ½ Jahren, Nykturie (Vagus), nächtliche Attacken mit Herzjagen und Achselschweiß, nächtliches Zuschwellen der Nasenwege linksseitig.

Am Morgen todmüde, kaputt, schlapp, benommen, nicht erholt. Anlaufzeit zwei Stunden. Belegte Stimme mit Räusperzwang, Augenringe. Morgendliche Nackenmyalgien mit Schmerzausstrahlung in die linke Schulter bis in den Oberarm und linkes Sternokleidomastoidius-Gelenk. Schmerzausstrahlung occipital und nach links bis frontal hinter das linke Auge (Trigeminus).

Morgendliche Inappetenz. Morgendliche Kopfschmerzen, die ca. zwei Stunden andauern, Verstärkung im Tagesverlauf bei Schreibtischarbeiten am PC, durch abrupte Kopfbewegungen. Nach dem Frühstück und nach dem Mittagessen massive Müdigkeitseinbrüche. Besserung durch kohlenhydratarme Kost.

Retroflexion des Kopfes löst Myalgien und Schwindel aus, ebenso rasche Kopfdrehbewegungen.

Gesteigerte Empfindlichkeit gegen grelles Licht, auch Neonlicht, Zugluft, Stress und Ethanol. Beim Essen Kloßgefühl, Passagenstops (Nervus glossopharyngeus, Schlundnerv, Hirnbasisnerv). Postprandiale Müdigkeit mit imperativem Schlafzwang. Einstündiges Gehen löst Ohrrauschen, Kraftminderung der Muskulatur, bleierne Schwere der Beine mit Gangunsicherheiten aus. Nach derartigen Belastungen einstündige Zwangspause zur Erholung notwendig. Bei Gehen auf hartem Trottoir Stolperneigung, Gleichgewichtsstörungen mit Torkeln. Verstärkte Anstoßneigung gegen Möbelkanten, abends unruhige Füße. Stets kalte Füße. Eingeschränkte Sprachfähigkeit mit Wortfindungsstörungen. Temporär auftretende Übelkeitszustände von bis zu zwei Stunden Dauer.

Ohren:
Beidseitiges Rauschen, plötzlich einschießende Schmerzen in Zahnwurzelbereiche links (Trigeminus). Konzen-

triertes Hören bei Hintergrundgeräuschen sehr anstrengend.

Nasenwege:
Früh Zuschwellen der Nasenschleimhaut, Trigeminusneuralgien stets linksseitig. Initial stets Nackenverhärtungen, Dauer bis zu 1 ½ Tagen. Schmerzausstrahlung die Zähne, hinter das linke Auge, in das linke Ohr und linke Halsregion.

Augen:
Tageweise Visuseinschränkungen mit Verschwommen-, Schleiersehen bis zu einer Viertelstunde Dauer, einhergehend mit Übelkeit. Subjektiv Tunnelblick. Augapfelbewegungen nach unten/oben lösen Druckgefühl der Augenmuskulatur aus.

Mundhöhle:
Initial seit zwei Jahren Geschmacksirritationen, linksseitig einschießende Schmerzen, die alle Zähne betreffen.

Haut:
Oft starke Gesichtsblässe, seit 1 ½ Jahren sonnen- und hitzeempfindlich, selbst gegen Neonlicht.

Herz-Kreislaufsystem:
Erhöhter Ruhepuls bis zum 100 pro Minute während der Arbeit, aber auch abends. Versucht sich durch tägliches halbstündiges Spazieren zu konditionieren, dabei jedoch Zunahme des Ruhepulses, der Kraftlosigkeit und der allgemeinen Schwäche.

Lunge:
Bei Angehen schräger Anstiege Belastungsluftnot

Verdauungsorgane:
Temporär auftretende explosive Stuhlabgänge, einhergehend auch mit Koliken. Intoleranz gegenüber süßen Nahrungsmitteln, glutenhaltigen Nahrungsmitteln, Thunfisch, Erdbeeren, glutamathaltige Nahrungsmittel lösen Kopfdruck aus.

Harnorgane:
Temporär Pollakisurie-Phasen mit Harndrangsattacken bis zum 12 mal am Vormittag.

Erhobene Befunde:
Röntgen „nach Sandberg": In der senkrechten Position Abweichung des Dens axis nach links. Bei Rechtsneigung atlanto-dentale Differenz rechts größer als links als Hinweis auf Ligamentum-alare-Schädigung. Bei Linksneigung weiterer Gelenkspalt zwischen C1 und C2 links als Hinweis auf Facettengelenksschädigung.

Die Laborbefunde, sowie die Analyse der Ausatmungsluft bestätigten die Störung der Mitochondrienfunktion. Auf die genaue Wiedergabe der komplizierten Laborbefunde möchte ich hier gerne verzichten. Die Auswertung der Symptome und der erhobenen Befunde ist zwar auch gespickt mit Fachbegriffen, jedoch meiner Auffassung nach sehr spannend, da sie grundsätzliche Aussagen enthält:

„Bei der Patientin trat anamnestisch eine posttraumatische Instabilität im Genickgelenk auf. Sie wurde demaskiert durch mehrstündige einseitige unphysiologische Kopfhaltung. Bei derartigen Instabilitäten kommt es intermittierend zu Durchblutungsminderungen der Hirnregionen, die von den Vertebralarterien versorgt werden, und zwar lage-, erschütterungs-, bewegungsabhängig im Kleinhirn, Hör-, Sehzentren der Hirnrinde, Hirnstamm, Hippocampus. Eine rezidivierende Minderdurchblutung des Gehirns verstärkt eine endogene NO-Synthese aus dem ZNS, das sich über das gesamte Hirn und den Organismus verbreitet. NO hemmt Transitionsmetalle, unter anderem FeS- und Kupferenzyme der mitochondrialen Atmungskette, des Zitronensäurezyklus und auch die Pyruvatdehydrogenase. Sie führt damit zu einem chronischen Defizit an Energie infolge Nichtverwertbarkeit kohlenhydratreicher Nahrungsmittel, besonders solcher mit hoher glykämischer Last, wie Weißmehlprodukte, Zucker, fruktosehaltige Nahrungsmittel. Außerdem treten Reizungen des Trigeminus als Trigeminusneuralgien bei der Patientin auf, weiterhin Hirnstammfunktionsstörungen seitens des Vagus, des Glossopharyngeus und des Hypoglossus. Sympathicotone Reizungen des Zervikalstranges führen zu einem erhöhten Ruhepuls, mitunter auch zu stressinduzierter Hypertonie."

„Bei der Patientin handelt es sich nicht um eine klassische Mitochondropathie mit erhöhter Letalität vor dem 3. Lebensjahrzehnt, sondern um eine erworbene Form."

Jetzt hatte ich also meine Diagnose. Fachbegriffe und biochemische Zusammenhänge prasselten auf mich ein, ich verstand anfangs vermutlich nur 10 % des Gesagten. Aber ich wusste jetzt endlich, was mit mir los war. Ich erhielt umfangreiche Therapieanweisungen. Angefangen von der Anschaffung eines individuell passenden Nackenstützkissens zur Verbesserung der Nachtschlafqualität, über Ernährungsvorgaben und Trainingsempfehlungen zur Stärkung der Nacken-, Schulter- und Halsmuskulatur. Darüber hinaus wurde mir ein Einnahmeplan aller notwendigen Mikronährstoffe, Vitamine etc. zusammengestellt.

Nach all den Jahren wollte ich natürlich keine Zeit mehr verlieren, und ging noch am gleichen Tag in Rostock-Warnemünde in eine Apotheke um mir die verordneten Präparate zu besorgen.

Wieder zu Hause begann ich, mich mit der Materie auseinander zu setzen. 2008 war die Vernetzung über Blogs, Foren oder soziale Medien im Allgemeinen zu dieser Thematik noch nicht so weit vorangeschritten, wie heute. Ich belas mich also zunächst ganz klassisch mit Büchern. Nach und nach fügte sich das Bild zusammen und ich bekam ein Verständnis für meine Krankheit. Instabilität im Genickbereich und Mitochondropathie, wie hängt das zusammen?

Um diese Diagnose nachvollziehen zu können, braucht es zunächst etwas Anatomie:

Die menschliche Halswirbelsäule wird unterteilt in die klassische Halswirbelsäule (C3 – C7) und den Kopfgelenksbereich (C1, C2 und C2/3). Der Kopfgelenksbereich ist aufgeteilt in das obere und das untere Kopfgelenk.

Das **obere Kopfgelenk** besteht aus dem ersten Halswirbel Atlas (C1) und den Gelenkflächen des Hinterhauptbeines. Hier sitzt der Schädel mit einem Gewicht von bis zu 7 Kg. Der Atlas erhielt seinen Namen von dem Titanen Atlas aus der griechischen Mythologie. Dieser musste die Last des Himmelsgewölbes auf seinen Schultern tragen, so wie der Atlas hier den Kopf zu tragen hat. Der Atlas ist das sogenannte Nickgelenk („Ja-Gelenk") und gleichzeitig ein Sperrgelenk für Rotation. Bezeichnet wird dieses erste Gelenk der Halswirbelsäule als atlanto-occipital- oder craniocervicales Gelenk. Der Atlas besitzt als einziger Wirbel keine Wirbelkörper. Dafür besitzt dieser Wirbel rechts und links sogenannte Auftreibungen.

Der Axis, auch C2 genannt, bildet das **untere Kopfgelenk** (= Atlanto-Axialgelenk). Der Axis hat einen vorne in den Atlas hineinragenden Zahn, den Dens axis. Dieses zweite Halswirbelsäulengelenk ermöglicht Drehbewegungen um je 45°. Es ist das Rotationsgelenk („Nein-Gelenk"). Seitneigungen, Vor- und Rückwärtsbeugungen sind nur im geringen Umfang möglich.

Zum Kopfgelenksbereich gehört auch das **dritte Halswirbelsäulengelenk** (C2/3). Dieses ermöglicht deutliche Neigungen zu den Seiten, sowie Vor- und Rückwärtsbeugungen des Kopfes.[3]

Die Beweglichkeit der einzelnen Kopfgelenke für sich ist nicht besonders ausgeprägt, das Zusammenspiel beider Kopfgelenke und der übrigen Halswirbel ermöglicht jedoch das große Beweglichkeitsausmaß der Kopfbewegung. Die Stabilität der Verbindung zwischen dem 1. und 2. Halswirbel und dem Kopf wird durch einen straffen Bandapparat gewährleistet.[4]

Der Bandapparat soll vermeiden, dass unkontrollierte Streck-, Beuge- und Drehbewegungen das Rückenmark verletzen. Beispielhaft möchte ich folgende Bänder und ihre Funktion benennen:

Das Querband namens **Ligemantum transversum** ist zwischen den beiden Auftreibungen des Atlas gespannt. Es ist dafür verantwortlich, den Dens axis in seiner Position zu halten und zu verhindern, dass sich der Dens axis gegen das Rückenmark neigt.

Die Flügelbänder, die sogenannten **Ligamenta alaria** haben vor allem Brems- und Haltefunktion. Sie sollen ein übermäßiges Drehen und Kippen im unteren Kopfgelenk verhindern.

Im Kopfgelenksbereich finden sich Vernetzungen von cervicalen, vegetativen Nerven und den Hirnnerven. Dort befindet sich das Atemzentrum und die Vertebralarterien, die das Kleinhirn, die Seh- und Hörzentren, den Hirnstamm, das Innenohr und den hinteren Teil des Hippocampus (Teil des Gehirns, das für Gedächtnis und Lernen zuständig ist) versorgen. Die obere Halswirbelsäule stellt die beweglichste und gleichzeitig eine extrem sensible Region des menschlichen Organismus dar. Hier werden motorische Abläufe der Kopf-, Rumpf-, Extremitäten-, Augen-, Kau-, Schlund-, Kehlkopf- und Zungenmuskulatur koordiniert.[5]

Die Anatomie des Kopfgelenkes klingt also nicht nur kompliziert, sie ist es auch. Von daher ist es nachvollziehbar, dass Schädigungen in diesem Bereich weitreichende Auswirkungen auf den Körper haben.

Da der Hals eine so sensible Stelle des Körper ist, kann sich im Prinzip jeder noch so kleine Unfall auf das Genick auswirken. Zum Beispiel kann bei einem Sturz die Kopfbewegung so heftig sein, dass sich die Genickgelenke weiter bewegen, als sie es von Natur aus tun sollten. Und das kann zu kleinen oder auch größeren Rissen in den stabilisierenden Flügelbändern am Axis führen und Schäden der übrigen Bänder, der Gelenkknorpel oder Verreißen der umliegenden stabilisierenden Muskulatur auslösen. Dann wird die Halswirbelsäule instabil.[6] Das hat Folgen.

Die wichtigen Blutbahnen und Nervenstränge und die benachbarten Regionen des Gehirns können durch unnatürliche Bewegungen der Wirbel gedrückt oder gerieben werden. Dadurch können viele verschiedene Symptome, wie bspw. Schwindel, Übelkeit, Taubheitsempfindungen oder Sehprobleme auftreten. Durch wiederholtes Gegenstoßen an die Nerven können diese ständig gereizt sein, es kommt zu Entzündungen in dieser Region mit vielen negativen Auswirkungen.[7]

Auch ohne tiefergehende anatomische Kenntnisse, kann man sich vorstellen, dass Verletzungen im Kopfgelenksbereich eine Vielzahl von Beschwerden mit sich bringen können. Aber Sie fragen sich vermutlich, was hat das Ganze mit einer Beeinträchtigung der Mitochondrienfunktion zu tun.

Betrachten wir also zunächst diese Mitochondrien. Die gängigste Definition lautet: Mitochondrien – die Kraftwerke unserer Zellen. Mitochondrien sind kleine, bakterienähnliche Zellorganellen. Jede Zelle enthält zwischen 100 und 2000 solcher Mitochondrien, die in Form von ATP (Adenosintriphosphat) jene Grundenergie liefern, die eine Muskelzelle fähig macht, Kraft zu entwickeln, eine Drüsenzelle befähigt, Hormone herzustellen oder eine Nervenzelle, Informationen weiterzuleiten.[8] Als Energielieferanten sind die Mitochondrien also von enormer Bedeutung für unseren Organismus.

Welche Vorgänge lösen nun aber eine Beeinträchtigung der Mitochondrienfunktion aus?

Werden die Nerven im Halsbereich häufig durch falsche Reize beeinflusst, werden die Stoffwechselwege beeinträchtigt und Abläufe in Gang gesetzt, die nicht mehr zu stoppen sind. Das wiederholte mechanische Reiben der falsch stehenden Halswirbeln an den Nerven kann u.a. auch zu Entzündungen führen. Ein wichtiger Bestandteil einer Entzündungsreaktion ist das Stickstoffmonoxid, auch genannt NO. Wenn durch immer wieder auftretende Reizungen Dauerentzündungen entstehen, kommt es auch fortwährend zur Bildung von NO. Befinden sich große Mengen NO im Körper, erhalten die Zellen zu wenig Energie. Das liegt daran, dass viele Enzyme, die für die energieproduzierenden Vorgänge in den Mitochondrien notwendig sind, von NO blockiert werden. Dadurch steht nicht nur zu wenig Energie zur Verfügung, sondern auch der Stoffwechsel in den Mitochondrien läuft völlig falsch. Es kommt zu einer Mitochondrienzerstörung, diesen Ablauf nennt man Mitochondropathie.[9]

Leider sind meine biochemischen Kenntnisse nur sehr spärlich ausgebildet, im Biologieunterricht muss ich an dieser Stelle gefehlt haben oder ich habe mein Wissen erfolgreich verdrängt. Auf jeden Fall empfinde ich die biochemischen Hintergründe der Mitochondropathie für zu komplex, als sie mit meinen eigenen Worten verständlich erklären zu können. Aber glücklicherweise bin ich auf verschiedene Veröffentlichungen gestoßen, die das wesentlich besser können, als ich. Beispielhaft möchte ich hier folgenden Absatz zitieren:

„Auch die Halswirbelsäule (HWS) kann der Ursprung für sekundäre Mitochondropathien sein: Durch direkte (Schleudertrauma) oder indirekte Gewalteinwirkungen (Sturz auf den Steiß) können Schäden an der HWS entstehen, die nachfolgend irreguläre Bewegungen von Atlas und Axis zulassen. Somit kommt es dann wiederholt zum Abklemmen von Arterien mit Durchblutungsstörungen des Kopfes (möglich sogar bis hin zur kurzzeitigen Bewusstlosigkeit), zu Reizungen und Schäden der Hirnnerven und des Nervus sympathicus, neurogenen Entzündungen mit allen denkbaren Folgen inkl. Ausfällen von Sinnesleistungen, Öffnung der Blut-Hirn-Schranke, massivem oxidativen und nitrosativen Stress, Verlust von Antioxidantien und Mineralstoffen, Stoffwechselveränderungen und vielfachen Funktionsstörungen, die natürlich besonders auch die Mitochondrien betreffen und dadurch schnell zu Multimorbidität führen."[10]

Kurzum, fehlt es mir aufgrund meines „Knacks im Nacken" fortwährend an Energie.

Es war verblüffend. Alles, was ich zu der Thematik las, hätte meine eigene Geschichte sein können. Ich fand Berichte über Patienten, da hätte ohne weiteres mein Name drüber stehen können. Es passte wie die sprichwörtliche Faust aufs Auge. Ob es um die Ursache ging, die einzelnen Beschwerden oder die zeitliche Verzögerung, bis die ersten Probleme auftraten, in jedem einzelnen Aspekt fand ich mich wieder. Es gab also keinen Zweifel, dass es sich bei meiner Erkrankung um eine Kopfgelenksinstabilität mit sekundärer, also erworbener Mitochondropathie handelte, zumal auch die erhobenen Laborwerte dazu passten.

*   *   *

Privatpatient: Fluch und Segen zugleich oder „Quo vadis Gesundheitssystem?"

Ich hatte es bereits angedeutet, es hat nicht nur Vorteile, privatversichert zu sein. Die allgemeine öffentliche Meinung dazu sieht sicher anders aus, aber glauben Sie mir, es gibt sie tatsächlich, die negativen Aspekte. Klar, die üblichen Vorurteile gegenüber Privatpatienten haben zum Teil tatsächlich ihre Berechtigung. Was das Thema Terminvergabe und Wartezeiten angeht, hatte ich auch schon beschämende Erlebnisse. Haben Sie schon mal versucht, als Kassenpatient einen MRT-Termin zu bekommen? Falls ja, wissen Sie, was das bedeutet. Ihr Bein könnte abgefallen sein, bevor Sie in der „Röhre" waren. Nicht so bei mir. Ich rief in einer Radiologieeinrichtung an und bat um einen MRT-Termin. Angeboten wurde mir zunächst ein Termin in sechs Wochen. Auch meine Frage, ob nicht eher etwas frei sei, wurde verneint. Gut, ich beugte mich der Wartezeit und fragte, was ich zu dem Termin mitbringen müsse. Unter anderem wurde ich darauf hingewiesen, meine Versichertenkarte mitzubringen. „Eine Karte habe ich nicht, ich bin privat versichert", war meine Antwort. Dann kam die Wendung, ich hatte fünf Tage später meinen Termin. „Für Privatpatienten halten wir immer Termine frei", wurde mir erklärt. Für mich war das natürlich toll, keine Frage, aber was ist das bloß für ein System?

Ähnliches habe ich auch bei einem Neurologen erlebt, wo aus zwei Monaten Wartezeit plötzlich ein Termin am nächsten Tag wurde. Zum Teil wird in den Praxen ganz offen damit umgegangen. Aber kann man das immer nur den Ärzten anlasten oder gibt es nicht vielmehr eine Schieflage im Gesundheitssystem? In den Genuss dieser terminlichen Vorteile kam ich auf jeden Fall recht oft. Ich hatte sogar mal eine Frauenärztin, die extra für ihre Privatpatienten samstags vormittags eine Sprechstunde anbot. Ich habe die schnellen bzw. außergewöhnlichen Termine natürlich wahrgenommen, das würde vermutlich jeder tun, aber wirklich gut fühlt man sich dabei nicht, das kann ich Ihnen sagen. Daher habe ich es bis heute auch immer vermieden, offensiv mit meinem Status als Privatpatient „hausieren zu gehen", um so Vorteile zu erlangen. Vielleicht bin ich naiv, das nicht auszunutzen, vielleicht liegt es auch daran, dass fast mein gesamtes privates Umfeld gesetzlich versichert ist und ich die Probleme in der Hinsicht kenne, es widerstrebt mir auf jeden Fall. Möglicherweise liegt es auch an einer Erfahrung, die ich zu Beginn meiner Problemsuche gemacht habe: ich hatte gerade das EEG beim Neurologen hinter mich gebracht und war noch damit beschäftigt, die graue Kontaktflüssigkeit von meinem Kopf zu bekommen, als ich einen älteren Mann in die Praxis kommen sah. Er hatte offensichtlich gesundheitliche Probleme und bat um einen Termin. Von der Arzthelferin wurde er mit den Worten abgebügelt, dass auf lange Sicht kein Termin mehr zu bekommen sei, er müsse bei einem anderen Neurologen fragen. Der Mann muss Kassenpatient gewesen sein, denn ich hatte sehr kurzfristig meinen Termin bekommen. So stand ich also da und kämpfte mit meinem Würgereiz, was für eine Ungleichbehandlung.

Unbestreitbare Vorteile bei Terminvergaben etc. sind allerdings nur die eine Seite der Medaille. In all den Jahren, in denen ich von Arzt zu Arzt zog, fühlte ich mich mehr als einmal wie ein Versuchskaninchen. Egal ob ein Arzt eine Ahnung hatte, was mir fehlte oder nicht, niemand schickte mich weg. Vermutlich hatte der eine oder andere Dollarzeichen in den Augen und nutzte meine Verzweiflung aus. Das gilt nicht nur für Ärzte, die ganze medizinische Branche müsste sich hier an die eigene Nase fassen. Dieses Vorgehen hatte zur Folge, dass ich jedes Mal eine Diagnose erhielt, die irgendwie plausibel klang, dann die entsprechende Behandlung begann und hinterher doch enttäuscht wurde. Ich hätte mir viele Fehldiagnosen und sehr viel Zeit sparen können, wenn es nicht den meisten Personen wohl nur um Gewinnmaximierung gegangen wäre. Mir wäre es lieber gewesen zu hören, „Ich kann Ihnen nicht helfen/ich bin nicht der Richtige für Ihr Problem", als immer wieder Hoffnung zu schöpfen und abermals enttäuscht zu werden. Aber wie hätte die Sache bei einem Kassenpatienten ausgesehen? Er wäre sicher nicht zum Versuchskaninchen geworden. Warum? Weil man ihm mit großer Wahrscheinlichkeit gar nicht erst die ganzen Untersuchungs- und Behandlungsmethoden angeboten hätte, weil vieles davon nur gegen Selbstzahlung erbracht würde. Maßnahmen, die keine Kassenleistung darstellen, werden oft verschwiegen, sicher auch deshalb, weil es auch für den Arzt bitter ist, seinen Patienten zu eröffnen, dass sie selber die Kosten tragen müssen. Das kann kein angenehmes Gespräch sein. Letztlich war ich glücklicherweise in der Lage, viele Untersuchungs- und Behandlungsmethoden auszuprobieren und konnte so tatsächlich irgendwann die richtige Diagnose finden. Wenn auch der Weg dahin lang und oft enttäuschend war, so durfte ich ihn wenigstens gehen, wenn auch als Versuchskaninchen. Bei vielen Kassenpatienten wäre mit dem Austesten von Möglichkeiten sicher viel früher Schluss gewesen.

Einen anderen Aspekt, den ich erwähnen möchte, sind die Kosten. Wenn man privatversichert ist, muss man vorab in jeder Praxis einen Behandlungsvertrag unterschreiben. Damit vereinbart man auch, dass die Leistung direkt mit einem selbst abgerechnet wird. Ob man später diese Kosten erstattet bekommt, ist das Problem des Patienten. Wie Sie sich vielleicht denken können, ist nicht alles erstattungsfähig. Wie das bei Beamten so ist, deckt die private Krankenversicherung den einen Teil der Kosten ab und die Beihilfe den anderen. Die Beihilfe ist eine eigenständige Krankenvorsorge für Beamte. Der Dienstherr erfüllt mit der Beihilfe seine Verpflichtung, sich an den Krankheits-, Pflege- und Geburtskosten zu beteiligen. Das läuft so ab, dass man bei jeder Art medizinischer Kosten erst mal in Vorleistung tritt. Ob in der Apotheke oder bei Rechnungen. Sämtliche Belege müssen dann – wenn eine bestimmte Mindestsumme erreicht ist – sowohl bei der privaten Krankenversicherung, als auch bei der Beihilfestelle eingereicht werden. Im Schnitt erfolgt nach zwei bis drei Wochen die Erstattung, in Ausnahmefällen, z. B. während der Ferien, kann es bis zu fünf Wochen dauern. Finanziell ungemütlich wird es, wenn Behandlungen vorgenommen wurden, die nicht im Leistungskatalog der beiden vorgenannten Stellen auftauchen. Man bekommt mit der Zeit raus, was gedeckt ist und was nicht, aber wenn der Leidensdruck nur hoch genug ist, willigt man auch trotz fehlender Kostenübernahme ein und zahlt selbst. Wenn man bedenkt, dass Arztrechnungen problemlos auch mal im vierstelligen Bereich liegen können, denken Sie nur an Zahnärzte etc., und die Rechnung bezahlt werden muss, bevor die Erstattung da ist, erkennt man das Problem dieses Systems. Man kann nicht pauschal davon ausgehen, dass jemand, der privatversichert ist, auch automatisch über gute finanzielle Mittel verfügt. Auch im öffentlichen Dienst gibt es sogenannte Einstiegsämter, bei welchen der Gehaltszettel nicht gerade üppig ausfällt. Da man als Beamter aber grundsätzlich privatversichert ist, muss man diesbezüglich schauen, wie man zurecht kommt. Vielleicht ist das ein bisschen „Jammern auf hohem Niveau", aber wenn es einen persönlich trifft, beurteilt man das sicher anders.

Ich selber kann im Grunde nicht klagen, alle klassischen medizinischen Behandlungen bzw. Untersuchungen, und darüber hinaus auch Akupunktur, Physiotherapie und andere Anwendungen werden vollständig oder mit anteiligen Abzügen übernommen. Aber wenn es über das klassische medizinische Spektrum hinausgeht, wird es mit der Kostenübernahme schwierig. Da gibt es keine Unterschiede zwischen Privat- und Kassenpatient. Das ist leider in weiten Teilen meiner Mitochondrientherapie der Fall. Alle Präparate, die ich im Rahmen meiner Mitochondropathie einnehmen muss, fallen im deutschen Gesundheitssystem unter den Oberbegriff „Nahrungsergänzungsmittel". Damit sind sie nicht erstattungsfähig. Ob diese Mittel helfen oder nicht, ist hier nicht maßgebend, sie finden grundsätzlich keine Berücksichtigung. Gäbe es die Möglichkeit, mir mit pharmazeutischen Produkten zu helfen, sähe die Kostenfrage mit Sicherheit anders aus. Trotzdem bin ich froh, von Chemie verschont zu bleiben. Das bedeutet allerdings dass ich eine Menge Kosten selber zu tragen habe. Ich komme im Durchschnitt auf etwa 200,- € - 250,- € im Monat, allein für die notwendigen Präparate. Dabei bleibt es aber nicht.

Im Laufe meiner bisherigen Krankheitsgeschichte kamen unzählige Fahrten zu Ärzten in ganz Deutschland zusammen. Wenn die Entfernung zu weit war oder mehrtägige Termine anstanden, musste ich vor Ort übernachten. Einen Großteil meiner Urlaubstage habe ich für solche Aktionen geopfert. Hinzu kommt, dass ich aufgrund meiner Kopfgelenksinstabilität unbedingt darauf achten muss, über eine perfekt angepasste Matratze plus Kopfkissen zu verfügen. Diese Matratzen gibt es nicht zum Discounterpreis. Die Neuanschaffung wird häufiger notwendig als es in der Regel der Fall ist, da diese weichen Matratzen schneller ihre Wirkung verlieren. Bei der letzten Neuanschaffung wurde ich zum Stammgast im Bettengeschäft. Ich war so oft dort, dass ich mit den Mitarbeitern fast schon „per du" war. Ich weiß gar nicht mehr, auf wie vielen Matratzen ich probegelegen habe. Irgendwann war es mir nicht mal mehr peinlich, wenn Kunden mich bei meinen Liegeversuchen sahen.

Kopfkissen habe ich etwa fünf bis sechs Stück getestet. Zunächst hatte es mir ein Kissen mit Loch in der Mitte angetan. Der erste Liegeversuch fühlte sich gut an, also wurde es probeweise mitgenommen. Nach der ersten Nacht war ich mir nicht mehr so sicher, die ersten Zweifel kamen auf, weil der Nacken doch nicht so toll gestützt wurde. Nach drei Nächten entschied ich mich gegen dieses Kissen. Also wurde die Schutzhülle gewaschen und ab in das Bettengeschäft, zum nächsten Kissen. Haben Sie eine Vorstellung, was es alles auf dem Markt gibt? Kissen Nummer zwei hatte die Form eines Knochens. Sah innovativ aus, war es aber nicht, ich lag viel zu hoch. Bei dem nächsten Kissen sank ich zu tief ein, wieder ein nächstes war zu hart. Die vielen Versuche mit wechselnden Kissen waren nicht besonders förderlich für meinen Nacken, dieser beschwerte sich mächtig. Ich muss hier leider anmerken, dass sich die Überprüfung der Kissen nicht nur auf bloßes Probeliegen meinerseits beschränkte. Vielmehr wurden mein Mann und meine Mutter ähnlich einem Vermessungsingenieur eingesetzt, der aus verschiedenen Blickwinkeln vor, hinter und neben dem Bett überprüfen musste, ob der Winkel Kopf-Rumpf-Hals genau meinen Beschreibungen bzw. denen der Verkäuferin entsprach. Hierbei sind durchaus auch Nackenschmerzen bei den Betrachtern ausgelöst worden.

Aber die lange Suche war notwendig und letztlich auch erfolgreich. Zum Glück waren die Mitarbeiter in diesem Geschäft geduldig. Aktuell habe ich ein Kissen mit leichter Erhöhung im Nackenbereich. Darauf lässt sich sowohl auf dem Rücken, als auch auf der Seite gut liegen. Aber damit war das Kapitel „Schlafkomfort" noch nicht ganz beendet. Um auch auf Urlaubsreisen eine gewisse Schlafqualität zu haben, habe ich in der Vergangenheit immer mein Kopfkissen mitgenommen. Das reichte aber zumeist nicht aus, da viele Hotels eher harte Matratzen bevorzugen. Ich habe mir in diesen Fällen mit allem beholfen, was ich im Hotelzimmer an Decken und Handtüchern finden konnte, um mir eine möglichst weiche Unterlage zu schaffen, aber so richtig zufriedenstellen konnte ich meinen empfindlichen Nacken- und Schulterbereich nie. Und so begann im Urlaub eigentlich jeder Morgen mit Schmerzen. Im obigen Bettengeschäft stieß ich auf die Lösung: eine Reisematratze musste her. Diese Reisematratze hat perfekte Maße für einen Koffer üblicher Größe. Was ich beim Kauf nur nicht bedacht habe: außer der Matratze geht dann nichts mehr in den Koffer, na ja Socken vielleicht. Ich habe die unmöglichsten Faltversuche unternommen, um den Umfang des Reiseutensils zu verkleinern, mit wenig Erfolg. Der erste Urlaub mit der Matratze funktioniert nur, weil diese in das Auto unserer Mitreisenden auslagert wurde. Zwischenzeitlich wird bei der Durchsicht von einschlägigen Automagazinen dem Wert der Kofferraumgröße eine neue Bedeutung beigemessen. Wen interessiert auch wirklich die PS-Zahl eines Sportwagens?

Um mein Krankheitsbild besser verstehen zu können, habe ich mir zwischenzeitlich auch Regalreihen voller Fachbücher zugelegt. Das alles „läppert" sich zusammen, wie man so schön sagt. Zwar kann ich das ein oder andere bei der Steuererklärung geltend machen, wirklich kostendeckend wird es dadurch aber noch lange nicht. Insgesamt kommt also im Jahr eine ganz ordentliche Summe an – nennen wir es mal – Gesundheitskosten zusammen, die ich aus eigener Tasche zahle.

Ich habe glücklicherweise immer über ein vernünftiges Einkommen verfügt, so dass es mir möglich ist, diese Kosten zu tragen. Falls Einschränkungen in anderen Bereichen notwendig wurden, machte ich das gerne, meiner Gesundheit zuliebe. Aber ich frage mich, was machen Menschen, die von der gleichen oder einer ähnlichen, nicht ins Gesundheitssystem passenden, Krankheit betroffen sind, wenn sie nicht über die entsprechenden finanziellen Möglichkeiten verfügen?

*   *   *

Neustart mit Hindernissen

Nachdem ich mit den Therapieanweisungen, die ich in Rostock erhielt, begonnen hatte, ließen erste Erfolge nicht lange auf sich warten. Insbesondere die Einhaltung der Ernährungsvorgaben und die Einnahme der verschienen Präparate wirkten sich positiv aus. Ich war nicht mehr so schlapp und müde wie zuvor und fühlte mich etwas leistungsfähiger. Auch schlief ich dank eines neuen Kissens besser. Nach sieben Monaten Arbeitsunfähigkeit, besprach ich mit meinem Arzt, eine stufenweise Wiedereingliederung zu wagen. Mir war klar, dass es ein auf Lebenszeit angelegtes Therapiekonzept war und ich noch einen weiten Weg zur Stabilisierung vor mir hatte, dennoch wollte ich nicht mehr untätig zu Hause sitzen. So begann ich Mitte Mai 2008 mit einer vierstündigen Wiedereingliederung. Leider war im Büro nichts mehr so, wie es mal war. Es hatten sich unerwartete Lager gebildet und mir kam recht schnell die Erkenntnis, dass ein Anknüpfen an meinen bisherigen beruflichen Werdegang schwierig werden würde. Gefühlt hatte ich irgendwie „an Boden verloren".

Es hatte sich bereits während meiner krankheitsbedingten Abwesenheit angedeutet, allerdings maß ich dem damals nicht so viel Bedeutung zu, da ich zu sehr mit mir selbst beschäftigt war.

Kurz vor meinem Termin in Rostock besuchte mich der damalige Personalchef meiner Behörde. Er brachte Blümchen mit und war freundlich. Aber dann sah er mich an und ich musste folgende Worten hören: „So wie du aussiehst, du bist ja wirklich krank!" Was würden Sie darauf antworten? Ich war sprachlos. „Was denkst du denn?", war das Einzige, was ich in dem Moment erwidern konnte. Im Nachhinein sind mir natürlich tausend Dinge eingefallen, die ich hätte sagen müssen, aber spontan war ich einfach nur stumm. Ich war krankgeschrieben, weil es mir körperlich extrem schlecht ging. Die Sache war doch kein Spaß. Worauf der Personalchef damals hinaus wollte ist mir heute natürlich klar. Ich habe eine Erkrankung, die nicht vielen Menschen bekannt ist und die man grundsätzlich auch nicht sehen kann. Ich sah zwar nicht fit aus, vielmehr ziemlich mitgenommen, aber größere offensichtliche Krankheitsanzeichen gab es nicht. Das öffnete natürlich die Tür für Vorurteile. Bei Krankheiten, die man nicht kennt und nicht versteht, kann es nur eine Ursache geben: die Psyche. Diese Denkweise sollte ich später noch zu spüren bekommen. Vermutlich war der Personalchef einfach erstaunt, dass ich körperlich krank aussah. Aber der Spruch war unnötig. Ich war darüber damals zwar verärgert, aber man möchte ja nicht direkt irgendwelche Absichten unterstellen. Manche Menschen sind unbeholfen im Umgang mit Erkrankungen. Allerdings gab es vorher bereits Anzeichen, die mich hätten warnen müssen.

Nach den ersten fünf Monaten meiner Arbeitsunfähigkeit schrieb der Personalchef mir einen Brief. Ich zitiere Ihnen daraus nur einen Absatz: „Ich will auf keinen Fall, dass Du hier – natürlich ungewollt – so einen „Nimbus" bekommst, ...die Simone ist doch Dauerkrank, man weiß gar nicht was die eigentlich hat, vielleicht kommt die ja gar nicht mehr wieder...." Was sollte ich davon halten? Just in dem Moment, als er diesen Gedanken formulierte, hatte ich damit diesen Nimbus. Dieser Brief erreichte mich allerdings in einer Zeit, in der mir vollkommen egal war, was andere Personen von mir denken. Ich war mit der Lösung meiner gesundheitlichen Probleme beschäftigt, da war kein Platz für Eitelkeiten. Aus heutiger Sicht betrachtet, hätte ich das Ganze vielleicht ernster nehmen und alles versuchen sollen, um Aufklärungsarbeit meine Krankheit betreffend zu betreiben. Vielleicht hätte mir das später so Einiges erspart. Aber zu dem Zeitpunkt fehlte mir ja leider selber noch der medizinische Überblick.

Während seines Besuches musste ich noch einen zweiten Schlag einstecken. Ich hatte vor meinem krankheitsbedingten Ausfall die Position der stellvertretenden Ausbildungsleiterin inne. Das Wort sagt es schon, nur stellvertretend. Ich war daher nur gefragt, wenn der Ausbildungsleiter verhindert war. Das kam nicht wirklich oft vor. Und dennoch machte mir der damalige Personalchef klar, dass er diese Aufgabe gerne an eine andere Kollegin vergeben würde, damit keine Lücken entstünden. Kampflos willigte ich ein - mir fehlte zu diesem Zeitpunkt einfach noch die Kraft für eine Auseinandersetzung. Nicht nur, dass es aus organisatorischen Gründen kaum eine Notwendigkeit für diesen Schritt gab, menschlich und kollegial war die Vorgehensweise einfach nur beschämend. Es hätte mit Sicherheit Übergangslösungen gegeben.

Im Mai 2008 war ich dann also wieder im Büro und es ging leider ähnlich weiter. Ich hatte mir extra ein Buch eingepackt, welches in einfachen Worten und anschaulichen Bildern erklärt, was es mit einer Instabilität im Genickgelenk und der Mitochondropathie auf sich hat. Außer meinem damaligen Referatsleiter, für dessen Unterstützung während der ganzen Zeit ich wirklich dankbar bin, interessierte sich aber niemand dafür. Dabei wollte ich so gerne erklären, was geschehen war und weshalb ich so lange gefehlt hatte. Ich meldete mich beim büroleitenden Beamten zurück. Dieser machte mir in diesem ersten Gespräch nach sieben Monaten klar, dass man jetzt aber schnell schauen müsse, eine 11er-Stelle für mich zu finden. Gemeint war eine Stelle, die nach Besoldungsstufe A11 bewertet war. Meine bisherige Stelle war mit A10 bewertet. Da war ich erst mal sprachlos. Diesen Vorstoß hatte ich nicht erwartet. Was ohne Hintergrundwissen grundsätzlich gut klingt, war nach meinem Empfinden aber leider nichts anderes, als der Versuch, mich schnellstmöglich von der „Vorzeigeabteilung" wegzubekommen. Das war natürlich nur ein Verdacht, aber die Geschehnisse einige Jahre später, legten die Vermutung nahe, dass ich mit meiner Einschätzung richtig lag. Ich hatte doch wahrlich andere Probleme, als schnellstmöglich ein anderes Aufgabengebiet zu übernehmen. Ich musste mich erst mal wieder in den Arbeitsalltag einfinden und schauen, wie es gesundheitlich klappt, zumal ich eine ganze Weile nur mit reduzierter Stundenzahl arbeiten konnte. Aber gut, das ließ ich erst mal so stehen.

Dann folgte ein-zwei Tage später mein Termin beim Behördenleiter. Wir hatten soweit ein nettes Gespräch, ich versuchte meine Erkrankung zu erklären. Gegen Ende des Gesprächs fragte er: „Und wie geht es ihnen seelisch?" Ich kann mich noch gut daran erinnern, dass ich ihm damals antwortete, es sei natürlich nicht schön, dass ich jetzt mit so vielen Einschränkungen klarkommen müsse, aber ich einfach froh sei, eine klare Diagnose zu haben. Als ich das Büro verließ, wusste ich nicht genau, was er von mir hielt.

In den nächsten Wochen tat ich mein Bestes, um weiterhin gesundheitliche Fortschritte zu machen und meine vollständige Arbeitskraft wiederzuerlangen. Ich war lange nicht mehr so unbeschwert bei der Sache, dafür hatte ich zu viel durchgemacht und war auch von einigen Kollegen zu sehr enttäuscht worden. Aber irgendwann konnte ich wieder Vollzeit arbeiten gehen – wenn auch weiterhin mit einer Menge Beschwerden - und ging auch davon aus, es sei wieder alles beim Alten. So war es aber nicht. Dass mein Ruf durch die lange Krankheit Schaden genommen hatte, ließ sich nicht leugnen. Ich hatte im Sommer durch den Hund von Freunden eine Schramme am Unterarm davongetragen. Nichts Schlimmes, eine Schramme halt. Als der damalige Personalchef mich damit sah, fragte er, was ich gemacht habe. Auf meine Erklärung hin bekam ich zu hören: „Man könnte ja auch meinen, du hast dich da geritzt." Äußerlich ließ ich mir nichts anmerken, aber innerlich war ich einfach nur erbost. Was sollte denn so eine Andeutung? Wie Recht ich hatte, die Angelegenheit kritisch zu betrachten, stellte sich einige Jahre später heraus. Im April 2009 ergab sich dann die Gelegenheit, in eine andere Abteilung zu wechseln (die sog. 11er-Stelle war gefunden), so dass ich im Prinzip keine Berührungspunkte mit der Behördenleitung mehr hatte. Die neuen Kollegen waren super, menschlich war der Abteilungswechsel ein absoluter Glücksgriff.

Endlich auch orthopädische Hilfe

Zu den Therapieanweisungen, die ich in Rostock erhalten hatte, gehörte auch die Stärkung der Hals- und Schultermuskulatur. Insbesondere tägliches strammes Gehen und Übungen mit dem Theraband wurden mir empfohlen. Damit begann ich auch direkt im April 2008. Aus dem regelmäßigen strammen Gehen wurde aber erst mal nichts. Ich machte zwar Fortschritte in internistischer Hinsicht, d.h., die Müdigkeit und Abgeschlagenheit wurde besser, aber der gesamte Bewegungsapparat konnte nicht, wie ich wollte. Selbst die kleinste Spazier-Einheit von 10 Minuten führte zu Übelkeit, Bauchschmerzen und Schmerzen im Nacken sowie der Rippen linksseitig. Ich kam mir wirklich gebrechlich vor. Das war auch kein Wunder, nachdem ich die letzten sieben Monate nur zu Hause auf dem Sofa verbracht hatte, weil ich zu schlapp war, viel zu unternehmen. Mein Körper war gar nichts mehr gewöhnt.

Nachdem ich nun aber davon ausgehen musste, dass der Ursprung des ganzen Übels tatsächlich am Hals zu finden ist, begab ich mich auf die Suche nach einem Orthopäden, der sich auf diesen Bereich spezialisiert hatte. So stieß ich auf das Wirbelsäulenzentrum der „Loreley-Kliniken" in St. Goar. Das Zentrum ist spezialisiert auf die Diagnostik und Behandlung akuter und chronischer orthopädischer Erkrankungen, insbesondere der Wirbelsäule. Schwerpunkt der Arbeit dort ist die konservative Behandlung; im Mittelpunkt steht die Manualmedizinische Diagnostik. Nachdem die ganzen Röntgen- und MRT-Aufnahmen - mit Ausnahme des „Sandberg-Röntgen" – keinen Nachweis für mein aller Voraussicht nach instabiles Genick erbringen konnten, schlug ich einen anderen Weg ein und vereinbarte einen Termin in St. Goar. Dort wurde ich – auch unter Einbeziehung eines Osteopathen – ausführlich untersucht. Während der Untersuchung hatte ich zwischenzeitlich Angst, den Raum nicht mehr an einem Stück verlassen zu können. Der Orthopäde drehte und schraubte an meinem Kopf, es ist ein Wunder, dass er dran blieb. Alle Bewegungsrichtungen wurden überprüft und ausgiebig mein Schädel abgetastet. Ich gehe davon aus, dass sich mögliche Schädigungen nur so erkennen lassen, aber es muss wild ausgesehen haben. Meine Mutter gestand mir später, dass sie nicht mehr habe hinschauen können. Aber der Termin hatte sich gelohnt, endlich hatte ich eine klare orthopädische Diagnose:

„Oberes und unteres linksbetontes HWS-Syndrom mit Fehlfunktionen der Kopfgelenke und des zervikothorakalen Übergangs und der BWS im Rahmen einer konstitutionellen Hypermobilität bei Zustand nach Beschleunigungsverletzung mit kranialen Auffälligkeiten und vegetativer Irritation".

Diese Diagnose beschrieb sehr gut meine Beschwerden, die sich meinem Empfinden nach auch immer mehr links, als rechts bemerkbar machten. Dass mit meinem zervikothorakalen Übergang - also dem Übergang zwischen Halswirbel- und Brustwirbelsäule - auch etwas nicht stimmte, hatte ich schon vermutet, da bei meinen Spaziergang-Versuchen zumeist linksseitig Schmerzen in den Rippen auftraten. Natürlich waren mir die Zusammenhänge vorher nicht klar. „Was haben die Rippen mit dem Nacken zu tun?", fragte ich mich. Wie sehr das alles zusammenhing, sollte ich aber noch häufiger zu spüren bekommen.

Sehr beruhigend war die Aussage der Ärzte, dass kein operativer Eingriff notwendig sei. Wobei dies aber auch bedeutete, dass es keine schnelle Lösung für meine orthopädischen Beschwerden gab.

Mir wurde eine stabilisierende manualtherapeutische Behandlung für die Kopfgelenke empfohlen und ein Eigenübungsprogramm. Für den Fall, dass keine Besserung eintritt, wurde ich auf die Möglichkeit eines stationären Aufenthaltes hingewiesen. Zusammenfassend hatte ich also Mitte 2008 die Ernährungsvorgaben zu beachten, an die ordnungsgemäße Einnahme aller Mikronährstoffe zu denken, auf meinen Nacken Acht zu geben, in Eigenregie stabilisierende Übungen durchzuführen und im „Stechschritt" meine Runden zu drehen, außerdem Termine bei der

Manualtherapie wahrzunehmen und irgendwie nebenbei noch meinen Arbeitsalltag zu bewältigen. Puh, das war ein Auftrag. Bei allem Ehrgeiz, alles gleichzeitig schaffte ich nicht, dafür fehlte auch einfach noch die Kraft, die letzten Jahre hatten ihre Spuren hinterlassen. Ich räumte zunächst dem – lassen Sie es mich „internistischen Aspekt" meiner Erkrankung nennen - Vorrang ein und setze die Vorgaben bestmöglich um. Zusätzlich ließ ich mich osteopathisch/manualtherapeutisch behandeln. Das Eigentraining stelle ich hinten an, da mir die Folgen der ersten Versuche noch sehr präsent waren und ich nicht schon wieder Fehlzeiten im Job ansammeln wollte. Das ging so eine ganze Weile, bis ich meinen Zustand betreffend zu etwas mehr Sicherheit gefunden hatte und im März 2009 mit leichtem Aufbautraining anfing, um nun auch den „orthopädischen Aspekt" meiner Erkrankung angemessen zu berücksichtigen.

Das ging leider nach hinten los. Sämtliche Stabilisierungsmaßnahmen führten zu gesteigerten Beschwerden, strammes Gehen funktionierte immer noch nicht. Ich war Dauergast beim Chiropraktiker und ließ mich auch nach der Dorn-Methode behandeln, aber das war jeweils nur ein Beheben der akuten Beschwerden, also auf Dauer auch keine Lösung. Zumal mein Chiropraktiker auch mehrmals darauf hinwies, dass zu häufiges Einrenken bei mir kontraproduktiv sei. Ich kämpfte mit hartnäckiger Verhärtung der Nacken- und Schultermuskulatur, Schmerzen in den Rippen, Blockaden in allen möglichen Wirbeln der HWS und BWS, Übelkeit, Schluckbeschwerden, Atembeschwerden, Benommenheit und Druck im Kopf, das ganze Programm also. Kurzzeitig hatte ich den Gedanken, mich einfach aufs Sofa zu setzen und gar nichts mehr zu tun. Aber das entsprach nicht meinem alten Sportsgeist und konnte auch nicht logisch sein. Also verwarf ich die Sofa-Idee und suchte erneut Rat im Wirbelsäulenzentrum der „Loreley-Kliniken". Schließlich verbrachte ich im September 2009 dort drei Wochen stationär. Das war aus mehrerlei Hinsicht eine gute Entscheidung. Zum einen wurden umfangreiche Behandlungsmaßnahmen durchgeführt. Darüber hinaus erhielt ich ein auf mich abgestimmtes Trainingsprogramm, sowie Verhaltenstipps bezüglich meines Nackens, nach dem Motto: „Was darf ich, was darf ich nicht?". Mir wurde unmissverständlich klar gemacht, dass eine Beseitigung der Instabilität nicht möglich sei – eine Operation sei bei mir keine Option – und ich den alten Zustand nicht mehr herstellen könne. Allerdings sei durch eine Stärkung der Muskulatur insgesamt und insbesondere im HWS-Bereich, eine Linderung der Beschwerden erreichbar. Ich war froh über die Offenheit, so wusste ich zumindest, woran ich war. Ich profitierte aber auch sehr von dem Kontakt mit anderen Patienten, fühlte mich verstanden und konnte Erfahrungen austauschen. In der Zeit hatte ich eine sehr liebe Zimmernachbarin, die bereits einige

Operationen hinter sich hatte und mir viel erklären konnte.

Wieder zu Hause machte ich mich auf, das erlernte Übungsprogramm systematisch fortzuführen. Dabei bekam ich unerwartet Unterstützung.

Der Genosse

Im Sommer 2009 wurde ich in den Stadtrat gewählt. Vielleicht muss ich zunächst voranstellen, dass ich im Dezember 2008 wieder in meinen Heimatort gezogen bin. Ich hatte beschlossen, die große Grundstücksfläche meiner Eltern auszunutzen und dort anzubauen. Bei all den körperlichen Einschränkungen, mit denen ich zu kämpfen hatte und der immer wieder auftretenden Hilfebedürftigkeit, war es ein sinnvoller Schritt, nicht mehr alleine wohnen zu bleiben. Als der Anbau soweit bezugsfertig war, begannen die Vorbereitungen auf die Kommunalwahl. Und plötzlich war ich auf der Liste. Bösartig könnte man behaupten, das lag an der Frauenquote, aber vielleicht war es auch meine Erfahrung im Verwaltungsbereich, die mich qualifizierte. Wie genau ich zu meinem guten Listenplatz kam, weiß ich gar nicht mehr, aber egal, es klappte auf Anhieb und ich war im Stadtrat.

Ich war eigentlich noch gar nicht fit genug, für ein solches Amt, aber ich brauchte dringend Abwechslung. Es sollte sich nicht alles nur um meine Krankheit drehen. Wenn ich ja mit allem gerechnet hätte, aber sicher nicht damit, im Stadtrat meinen zukünftigen Ehemann kennen zu lernen. Ich war in den letzten Jahren so sehr mit mir und der Ursachenforschung beschäftigt, dass für die Liebe kein

Platz war. Wie sollte es auch? Mir ging es einfach zu schlecht. Das änderte sich schlagartig, also die Sache mit der Liebe. Kaum hatte ich meine ersten Schritte auf dem noch unbekannten politischen Parkett gemacht, sorgte ich für den vermutlich größten „Supergau" der Stadtratsgeschichte: ich verbrüderte mich mit dem Feind. Das klingt jetzt sicher unloyal, aber so wie Sie glauben, war es nicht. Vielleicht erinnern Sie sich, ich schloss mich damals in meinem vorherigen Wohnort der CDU an. Erklären kann ich das gar nicht richtig. Ich denke, das ist wie mit einem Fußballverein, man ist einfach Fan, ohne die genauen Gründe zu kennen. Das ist eine emotionale Entscheidung, keine logische. Und so war ich auch automatisch- bereits im Jugendalter – immer eher der CDU zugeneigt. Aber der Mann, der mein Interesse geweckt hatte, saß in den Reihen der Opposition, also der SPD.

Uns wurde schnell klar, dass uns politische Fronten nicht hinderten ein Paar zu sein, aber wir hielten es vorsichtshalber eine Weile geheim. Rückblickend bin ich mir nicht mehr so sicher, ob wir gut waren im Geheimhalten, oder ob wir das nur dachten. Mein „Genosse" lernte mich also ganz zu Beginn meiner Stabilisierungsphase kennen. Er bekam zwar nicht mehr die ganze Bandbreite der Beschwerden mit, aber immer noch genug. Ich spielte von Anfang an mit offenen Karten und erklärte ihm meine Krankheit. Ich hätte es verstanden, wenn er Reißaus genommen hätte, aber er blieb und half mir auf ganz wunderbare Weise. Meine Freundin Sandra hatte irgendwann im Laufe der vergangenen Jahre zu mir gesagt: „Es wird jemanden geben, der dich so akzeptiert, wie du bist, mit deinen gesundheitlichen Problemen." Ich bin froh, dass sie damals daran glaubte, ich tat es eigentlich nicht. Aber genug der Romantik, zurück zu meinen Trainingsversuchen.

Nach dem stationären Aufenthalt in St. Goar startete ich einen dritten Versuch: flottes Gehen zur Stärkung der Muskulatur. Dieses Mal musste es doch endlich klappen. Zuerst nicht. Wieder Übelkeit, wieder Muskelschmerzen. Und dabei war ich nicht besonders schnell unterwegs und anfangs gerade mal zehn Minuten. Ich konnte doch kein drittes Mal aufgeben, also blieb mir nur die Variante „Augen zu und durch", in der Hoffnung, dass es irgendwann besser würde. Ich ging währenddessen regelmäßig zur Akupunktur, um die schlimmsten Beschwerden zu lindern. Geschickte Unterstützung bekam ich auch von meinem heutigen Mann. Er hatte sich ein Anreizsystem überlegt, ähnlich der Fleißkärtchen in Grundschulen. Meine Vorgabe lautete 15 Spaziergänge in einem Monat zu schaffen, also etwa alle zwei Tage eine Runde. Im Frühjahr 2010 hatten sich die schlimmsten Begleiterscheinungen der Spaziergänge gelegt und ich war etwas ausdauernder unterwegs. Um hier keine falschen Vorstellungen aufkommen zu lassen, wir sprechen von maximal 30 Minuten auf flacher Strecke. Aber das war ein Erfolg, mein imaginäres Fleißkärtchen war voll und zur Belohnung erhielt ich ein Geschenk. Wie das mit uns Frauen so ist, Geschenke können wir nie genug haben, also trainierte ich weiter.

Um noch mal kurz auf den „Supergau" zurück zu kommen: so schlimm war es gar nicht. Die Kollegen in unseren Fraktionen waren mehr amüsiert, als erschrocken über die neue „große Koalition" im Stadtrat. Wenn man ein paar Regeln einhält und keine Bauchschmerzen dabei hat, gegen einen Vorschlag des Partners zu votieren, klappt das super und kann je nach Abstimmungsverhalten für den einen oder anderen Lacher sorgen. Eigentlich sind wir der lebende Beweis, wie sehr sich die beiden Parteien inhaltlich inzwischen angeglichen haben. Politik ist außerdem nicht so eine ernste Angelegenheit, wie Fußball. Dass wir beide dort Fan des gleichen Vereins sind, ist deutlich notwendiger, für eine entspannte Ehe.

2010-2014: Licht und Schatten

Nachdem ich mich im Frühjahr 2010 etwas stabilisiert hatte und kleinere Strecken ohne schlimmere Nachwirkungen bewältigen konnte, hatte ich auch endlich wieder Lust auf einen Urlaub. Daran war vorher nicht zu denken, alles, was man in der Regel im Urlaub machen könnte, wäre zu anstrengend gewesen. Aber erste Verbesserungen zogen auch neuen Mut nach sich und so verbrachten wir im Mai 2010 unseren ersten Urlaub zu zweit. Echter Aktivurlaub sieht zwar anders aus, aber die eine oder andere Mini-Wanderung konnte ich machen. Ansonsten genossen wir im Cabrio die fantastische Bergwelt des Berchtesgadener Land. „Wie, Cabrio? Bei den Nackenproblemen?", werden Sie sich fragen. Ich hätte es selbst nicht für möglich gehalten, aber Cabriofahren hat rein gar nichts mit Zugluft, Durchzug oder Klimaanlage zu tun. Es bereitete mir gar keine Probleme. Was unter anderem vielleicht auch daran lag, dass ich vom Kinn bis zu den Schultern eingewickelt war, wie im Winter. Das tat dem Fahrvergnügen aber keinen Abbruch, sah nur eventuell etwas komisch aus.

Insgesamt verbesserte sich mein Zustand unter Einhaltung aller Regeln ganz erfreulich. Meine Fehlzeiten im Büro nahmen normalere Dimensionen an und ich musste nicht mehr ständig private

Termine absagen, weil es mit schlecht ging. Der Gesamtzustand hatte zwar noch lang nichts mit totaler Normalität zu tun, würde es vermutlich auch nie wieder haben, aber im Vergleich zu den Jahren davor konnte ich eine deutliche Verbesserung verzeichnen. Das Jahr 2011 war aus heutiger Sicht eines der besten, da ich fast ausfallfrei arbeiten konnte und auch in der Lage war, meine politischen Termine wahrzunehmen. Aber der Preis, den ich für ein nach außen hin halbwegs normales Leben zahlen musste, war weiterhin hoch. Das alles funktionierte nur unter größter Anstrengung und mit einer riesigen Portion Disziplin.

Das fing bereits beim Aufwachen an. Als Kopfgelenksinstabile habe ich morgens eine sehr lange Anlaufzeit, bis ich meinen Körper sortiert habe. Damit ich um 7.00 Uhr das Haus Richtung Büro verlassen konnte, musste ich um 5:20 Uhr aufstehen. Eine Stunde vierzig für Waschen, Anziehen, Essen, ich weiß, das ist übertrieben lang. Früher war ich auch schneller, da wurde jede Minute Schlaf mitgenommen. Das geht jetzt leider nicht mehr. Zur allmorgendlichen Routine gehörte erst mal der Griff zum Dinkelkissen, welches in der Mikrowelle erhitzt wurde. Zwischen dem Dinkelkissen und mir besteht zwischenzeitlich eine ganz besondere Beziehung. Manchmal habe ich den Verdacht, dass mein Mann eifersüchtig auf das Kissen ist, da ich fast mehr Kuscheleinheiten mit diesem verbringe, als mit meinem Mann. Manchmal nehme ich es sogar mit ins Bett. Ich kann ihn aber damit trösten, dass ich das Dinkelkissen schon einige Male erneuern musste, wobei er nicht austauschbar ist. Mit dem warmen Kissen also bekämpfte ich morgens erst mal die schlimmsten Verspannungen und Schmerzen. Danach kommt mein zweitliebstes Mittel zum Einsatz: die Wärmesalbe. Diese wird auf die üblichen verhärteten und/oder blockierten Stellen an Nacken, Schulter und Rippen aufgetragen, in der Hoffung, so den Arbeitstag halbwegs zu überstehen. Es dürfte Sie nicht wundern zu lesen, dass ich im Büro mit Mikrowelle, Dinkelkissen und Wärmesalbe ausgestattet war.

Diese Wärmeanwendungen alleine erklären aber noch nicht die lange Zeitspanne zwischen Aufstehen und Weggehen. Allerdings ist es nicht so, dass ich lange Zeitung lese und ausgiebig frühstücke. Eine Morgenzeitung habe ich gar nicht und der Frühstücksvorgang dauert nur so lange, weil mir morgens häufig schlecht ist, so dass der Verzehr eines Brotes sich lange hinziehen kann. Dazu kommt dann die besondere Portion „Müsli", wie mein Mann meine morgendliche Tablettenration nennt. Vielleicht können Sie sich das vorstellen, es gibt Schöneres, als nach dem Frühstück noch eine Handvoll Tabletten (etwa 8-9 Stück) mit Wasser runterzuspülen, wenn einem ohnehin schon schlecht ist. Wenn dann auch noch die Rippen Ärger machen und Druck im Brustkorb verursachen, hat man das Gefühl platzen zu müssen. Letztlich bin ich morgens auch insgesamt entschleunigt. Schnelle Bewegungen bekommen mir grundsätzlich nicht gut, aber morgens ist es besonders schlimm. Haare machen, Schuhe anziehen, alles erfolgt sehr bedächtig.

Und nachdem das alles geschafft war, konnte es sein, dass ich trotzdem nicht arbeiten gehen konnte. Wie das ganz genau medizinisch zusammenhängt, kann ich gar nicht sagen, aber leider merke ich nicht direkt beim Aufstehen, wie es mir geht. Wie gesagt, der Körper muss erst mal auf Betriebstemperatur kommen. Es braucht mindestens eine Stunde, manchmal auch länger, bis ich abschätzen kann, wie es mir geht, das ist auch heute noch so. Das ist ein extrem belastender Umstand. Im Grunde musste ich jeden Morgen aufs Neue prüfen, ob ich arbeitsfähig war oder nicht.

Ich weiß nicht, ob Sie sich vorstellen können, welch ein enormer Druck daher jeden Morgen auf mir lastete. Ich befand mich in einem ständigen Zwiespalt zwischen eigenem Ehrgeiz gepaart mit Pflichtgefühl auf der einen Seite und der Verantwortung für meinen Körper und meine Gesundheit auf der anderen Seite. Ich wog oft elend lange ab, ob die Möglichkeit bestand, dass die Beschwerden schnell nachlassen oder ob eher nicht so bald mit einer Besserung zu rechnen sei. Dabei konnte ich eigentlich nur verlieren. Entschied ich mich fürs zu Hause bleiben, nagte das schlechte

Gewissen an mir. Ich wusste zwar, dass ich z.B. mit Druck im Kopf, meist in Verbindung mit Benommenheit, ohnehin nicht ordentlich arbeiten konnte, aber ich litt trotzdem darunter, mich krankmelden zu müssen und warf mir selber vor, die Kollegen im Stich zu lassen. Erschwerend hinzu kam der Gedanke, wie lange der Dienstherr bei meinen Fehlzeiten noch zuschauen würde. Daher entschied ich mich recht oft für die andere Alternative und wagte den Weg zur Arbeit. Besserten sich die Beschwerden im Laufe des Tages, war ich froh über meine morgendliche Entscheidung im täglichen Lotto-Spiel. Aber nur allzu oft verbesserten sie sich leider nicht. Manchmal setzten die morgendlichen Beschwerden aber auch erst mit Verzögerung ein, so dass ich bereits im Büro war. Egal wie, mit den üblichen Problemen eines instabilen Kopfgelenkes war der Arbeitstag alles andere als angenehm. Wenn es gar nicht mehr ging, ließ ich mich abholen. A pro pos „abholen", an dieser Stelle wird es Zeit, mich bei meinen Eltern zu bedanken, die stets zur Verfügung standen, wenn ich sie brauchte. Ihre Leistung kann ich gar nicht genug würdigen. Meine Eltern haben mich Jahr für Jahr seit Beginn meiner Beschwerden auf die Arbeit gefahren. Morgens hin, abends zurück und immer wieder auch zwischendurch, wenn gar nichts mehr ging. Ohne die beiden hätte ich noch viel mehr Probleme gehabt, meinen Job zu bewältigen.

Warum ich nicht selber gefahren bin, werden Sie sich vielleicht fragen. Das ist nicht ganz einfach zu beantworten. An Tagen, an denen mir meine Erkrankung nicht so viele Probleme bereitet, kann ich kleinere Strecken fahren. Das mache ich dann auch, damit die Routine nicht verloren geht und etwas Selbständigkeit erhalten bleibt. Aber selbst an diesen guten Tagen funktioniert das nicht früh morgens. Womit wir wieder bei der langen Anlaufzeit wären. Der morgendliche Zustand ist keiner, mit dem man seiner Verantwortung im Straßenverkehr gerecht werden kann. Somit war der eigenständige Weg zur Arbeit hin schon mal ein gewaltiges Hindernis. Aber auch wenn man das mal ausblendet, der Rückweg gestaltete sich nicht weniger problematisch, da das allergrößte Problem bei meiner Erkrankung ihre Unberechenbarkeit ist. Ich weiß eigentlich nie, wann welche Beschwerden auftreten. Manchmal reicht es, wenn ich meinen Kopf etwas zu lange in eine Richtung gedreht habe, oder Durchzug ausgesetzt war. Manchmal kann ich den Auslöser der Beschwerden gar nicht unmittelbar an etwas festmachen. Das Einzige, was ich verbindlich behaupten kann, ist, dass ich immer mit allem rechnen muss, die Krankheit ist schwer kalkulierbar, selbst dann, wenn man alle Verhaltensregeln für das Kopfgelenk einhält. Insofern hätte ich also immer darauf setzen müssen, dass im Laufe des Tages keine Beschwerden auftauchen, um eigenständig heimfahren zu können.

Um die besondere Problematik in Verbindung mit dem Autofahren verständlicher zu machen, möchte ich noch mal aus der Epikrise des Spezialisten aus Rostock zum Kapitel „Augen" zitieren: „Tageweise Visuseinschränkungen mit Verschwommen-, Schleiersehen bis zu einer Viertelstunde Dauer, einhergehend mit Übelkeit. Subjektiv Tunnelblick. Augapfelbewegungen nach unten/oben lösen Druckgefühl der Augenmuskulatur aus."

In der Literatur finden sich ebenfalls Aussagen zu dieser Thematik: „Klagen über Störungen des Kontrastsehens, erhöhte Blendempfindlichkeit, Verschwommensehen, erhöhte visuelle Ermüdbarkeit, Defizite bei der Einschätzung der eigenen Position im Raum, Defizite beim Einschätzen von Abständen bis hin in Einzelfällen zur Instabilität des visuellen Bildes, mit entsprechenden Auswirkungen auf den Alltag, wie Auto fahren oder auch Lesen."[11]

An anderer Stelle heißt es: „Die Belastungen im HWS-Bereich verschlechtern die Durchblutung des kortikalen Sehzentrums oder des Sehnervs."[12]

„Reizungen der Hirnnerven, z. B. des Nervus Opticus können zur Folge haben, dass schnelle Bildfolgen (Fernsehen, Straßenverkehr) nicht mehr erkannt werden und Schwindel ausgelöst wird."[13]

Auch folgende Ausführung finde ich spannend: "Die subjektiven Beschwerden bei solchen Augenstörungen werden von anderen Betroffenen wie folgt angegeben: Beim Fixieren schwindet das Bild, das Bild verändert seine Tiefenschwärze, Graue Flecken erscheinen im Bild, die Farbintensität eines Bildes schwindet."[14]

Nach alledem war der „Fahrdienst" für alle Seiten der sicherste und gleichermaßen auch kalkulierbarste Weg. Zwischenzeitlich stellte ich mir auch die Frage, ob ich auf öffentliche Verkehrsmittel umsteigen könnte, um ein wenig mehr Eigenständigkeit zu erhalten. Aber der Gedanke, mit den verschiedenen Beschwerden in einem vollen Linienbus zu sitzen, war nicht erquickend und darüber hinaus, lag die Haltestelle auch nicht gerade um die Ecke. Ein langer Fußweg bepackt mit Mittagessen und Wasserflaschen stellte nicht das ideale Trainingsprogramm dar. Irgendwann würde ich vermutlich nicht mehr darum herum kommen, das war mir klar, aber so lange es Alternativen gab, nutzte ich lieber diese.

So, lassen Sie mich noch mal auf meinen Arbeitstag zurück kommen. War ich erst mal im Büro angekommen, musste ich schauen, wie ich möglichst schadlos durch den Tag kam. Ich zitiere an dieser Stelle zur Verdeutlichung meinen Orthopäden: „Sie muss darauf achten, dass sie ihren Kopf- und Halsbereich sehr definiert und kontrolliert bewegt, abrupte und vielfältige Bewegungen sind ihr nicht möglich, auch nicht das Einstellen des Kopfes in eine dauerhafte Rotation, z. B. bei Sitzungen und Gesprächen." Ich versuchte also, alle ergonomischen Regeln einzuhalten, platzierte den Drucker so, dass ich für jeden Ausdruck aufstehen musste und bewegte und streckte mich so oft ich konnte. Aber letztendlich hatte ich eine ganztägige, sitzende Tätigkeit mit viel PC-Anteil. Es verging eigentlich kaum ein Arbeitstag ohne Probleme. Manchmal dauerten sie nur eine halbe Stunde, manchmal aber auch Stunden. Einmal den Kopf falsch gehalten, das kann schon ausreichen oder zu viele Akten ein- bzw. ausgeräumt, das rächte sich immer. Von Kopfdruck, Benommenheit, Augen- und Gleichgewichtsproblemen bis Übelkeit war alles dabei. Wobei ich sagen muss, dass die Übelkeit von allen Beschwerden die Schlimmste ist. Wenn man ständig prüft, ob der Abfalleimer noch da ist, falls man es nicht rechtzeitig auf Toilette schafft, dann kann man unmöglich brauchbare Arbeit abliefern. Nicht, dass ich den Abfalleimer jemals gebraucht hätte, aber diese Gewissheit milderte die Übelkeit trotzdem nicht. Ich hatte mit der Zeit verschiedene Tricks auf Lager, massierte den Nacken, drückte im Rippenbereich, dehnte mich etc. Das konnte helfen, tat es aber nicht immer. Ganz blöd wirkten sich Benommenheit und Gleichgewichtsstörungen aus. Nicht nur, dass ich nicht mehr richtig sah, was auf meinem Bildschirm stand, den Weg über den Flur zur Toilette nahm ich meistens an der Wand entlang.

Da wären wir schon bei einem anderen Phänomen meiner Erkrankung. Über das Thema „Toilette" möchte man eigentlich gar nicht sprechen, aber ich musste mich notgedrungen in den letzten Jahren intensiver damit befassen, als es mir lieb war. Medizinisch ausgedrückt habe ich Pollakisurie-Phasen, also häufig auftretende Harndrangsattacken. Das geschieht offensichtlich immer bei einer irregulären Reizung der Hirnnerven, hier insbesondere des Nervus vagus. Zu Beginn meiner Beschwerden waren diese Attacken fast nicht mehr zählbar. Mit der Zeit wurde es besser. Aber an schlechten Tagen kam es vor, dass ich bereits vormittags bis zu sieben Mal die Toilette aufsuchen musste. Sie können sich vorstellen, wie sehr das nervt. Ständig musste ich meine Arbeit unterbrechen. Bei meinem Toilettenpapierverbrauch musste ich fast schon befürchten, eine Sonderabgabe leisten zu müssen. Wenn dann auch noch der Gang zur Toilette zur schwankenden Angelegenheit wird, weil das Gleichgewicht gestört ist, ist man für den Rest des Tages bedient. Die Gleichgewichtsstörungen merkte ich bei verschiedenen Dingen. Wenn ich zum Beispiel ins Nachbarbüro ging, um mich mit meinen Kolleginnen auszutauschen, konnte ich dort nicht frei stehen. Ich musste mich immer an einem Schrank oder einer Stuhllehne abstützen. Daher versuchte ich immer zu vermeiden, dass mich auf dem Flur jemand in ein längeres Gespräch verwickelte. Auch freies Sitzen, also ohne Tisch, bei Besprechungen beispielsweise, war beschwerlich, dabei musste ich mich sehr stark konzentrieren. Man entwickelt mit der Zeit verschiedene Hilfs-Mechanismen, aber dadurch verschwindet das Problem natürlich nicht.

Die Ermüdung der Augenmuskulatur ist auch so eine Sache, die den Arbeitsfluss nicht gerade besser macht. Nach etwa zwei Stunden Bildschirmarbeit begannen die Zeilen leicht zu verschwimmen, die Reihen konnten beim Lesen nicht mehr richtig gehalten werden und oft kamen noch „mouches volantes", also die sogenannten tanzenden Mücken vor dem linken Auge hinzu. Es dauerte etwas, bis ich verstand, dass diese Beschwerden mit meinem Kopfgelenk zusammenhängen. Vorher hatte ich augenärztlich alles mögliche testen lassen, ohne Befund. Organisch sind meine Augen gesund. Aber die Augenmuskulatur ermüdet schnell, was tatsächlich auch mit den Mitochondrien zu tun hat. In einem Fachbuch heißt es: „Patienten mit Mitochondropathie und instabilen Genickgelenk reagieren sehr empfindlich auf äußere sensorische Reize. Zum Beispiel wird schon das Büro-Neonlicht als sehr störend empfunden. Augenmuskeln mit hohem Energiebedarf und fünffach größeren Mitochondrien als in der peripheren Muskulatur ermüden rasch."[15] Grundsätzlich hätte ich in diesen Situationen eine Arbeitspause einlegen müssen, um die Augen zu entspannen. Aber wenn schon eine Menge Zeit für Toilettengänge, Dehn- und Streckübungen etc. draufgeht, ist eigentlich kein Platz mehr für weitere Pausen. Irgendwie musste ich meine Arbeit erledigt bekommen, bis spät abends im Büro zu bleiben, war schließlich auch keine gesundheitsfördernde Option. Also arbeitete ich weiter und rutschte mit dem Kopf einfach näher vor den Bildschirm, was natürlich eine ganz blöde Idee war, da so der Nacken in genau die Position kam, die er nicht einnehmen sollte. So wurden die Beschwerden dann auch nicht weniger.

Sie sehen, meine Arbeitstage waren ein fortwährender Kampf. Natürlich war nicht jeder Tag problembeladen, aber leider doch sehr viele. Im Grunde vergeht kein Tag- auch heute nicht – an dem ich meine Erkrankung nicht spüre. Aber es gibt gute, mittelmäßige und richtig schlechte Tage. Tage, an denen die Beschwerdedauer unter einer Stunde liegt, sind definitiv gute Tage. Neben den körperlichen Problemen, die meinen Arbeitstag begleitet haben, litt ich auch häufig unter einem schlechten Gewissen, da ich nicht zu 100% belastbar war. Vielleicht wird das am Beispiel „Aktenarchivierung" deutlich. Um unsere Schränke im Büro vor dem Platzen zu bewahren, musste wir regelmäßig die Akten der fertig bearbeiteten Vorgänge in das Archiv im Keller bringen. In Zeiten von elektronischen Akten ist das zwar sehr antiquiert, aber da wir technisch noch nicht auf diesem Stand waren, blieb uns das Vergnügen mit Papierakten zu arbeiten.

Das Problem begann bereits beim Aussortieren der entsprechenden Akten. Das Herausnehmen von einer größeren Menge insbesondere aus oberen oder unteren Regalreihen stellte meinen Körper vor Herausforderungen. Insbesondere das Arbeiten „über Kopf" ist für mein Kopfgelenk sehr belastend. Die Folgen in Form von Nacken- und Rippenschmerzen ließen nicht lange auf sich warten. Aber zumindest diese Arbeit wollte ich selbst erledigen. Der nächste Schritt, der Transport der Akten in den Keller, ging dann leider nicht mehr alleine. Hier war ich auf die Hilfe der Kollegen angewiesen. Im Archivkeller wartete dann das nächste Problem. Die Akten mussten fortlaufend nach Aktenzeichen in die Schränke einsortiert werden. Dabei waren die oberen Regalreihen nur über einen Hocker erreichbar und bei den untersten Reihen musste man teilweise akrobatische Kniebeugen vollführen. Erschwerend hinzu kam, dass die Akten teilweise sehr eng standen, so dass man fast schon unter dem Einsatz roher Gewalt eine Lücke schaffen musste. Das war alles nichts für meinen Körper. Letztlich kam ich nur in den mittleren und locker gestellten Regalreihen zum Ziel. In allen anderen Fällen war ich darauf angewiesen, dass mir ein Kollege die Akten einsortierte. Ein- bis zweimal ist das kein Problem, aber wenn man immer auf Hilfe angewiesen ist, nagt das schon am schlechten Gewissen.

Das war nur ein Beispiel von vielen Situationen, in denen ich körperlich an meine Grenzen stieß und Kollegen einspringen mussten. Wenn ich es nicht am eigenen Leib erlebt hätte, würde ich es nicht glauben. Körperlich ungeeignet für Büroarbeit, das gibt es doch gar nicht, denkt man.

Aufgrund der bereits geschilderten Probleme, die sich bei einer dauerhaften Rotation des Kopfes beispielsweise bei Sitzungen und Gesprächen einstellten, war ich nicht gerade erpicht darauf, an Schulungen oder Seminaren teilzunehmen. Nicht zuletzt auch aufgrund meines einschneidenden Erlebnisses bei der Fortbildung im Mai 2005. Beamer-Präsentationen waren mir seither ein Graus, zumal ich auch danach noch einige Male die Erfahrung machen musste, dass mir die damit verbundene Kopf- und Körperhaltung schadet. Also drückte ich mich so gut es ging vor solchen Veranstaltungen. Was aber natürlich bedeutete, dass es meine Kollegen häufiger traf. Für das gesamte Team war es so vermutlich besser, da ich aufgrund der Unkalkulierbarkeit meiner Erkrankung mit großer Wahrscheinlichkeit ohnehin nicht alle Termine hätte wahrnehmen können, aber dennoch blieb mir ein fader Beigeschmack.

Ganz hart traf es vermutlich die Kollegin, mit der ich über sechs Jahre das Büro teilte. Aufgrund meiner Anfälligkeit gegenüber Wind, Durchzug und dergleichen, verwandelte sich unser Büro in den Sommermonaten nicht selten in eine Sauna. Früh morgens versuchte ich es zwar mit Lüften – in der Zeit verließ ich dann lieber das Zimmer – aber das hielt natürlich nicht sehr lange an. Spätestens um die Mittagszeit wurde es dann kuschelig. Aber die Tür zum Flur zu öffnen, war genauso wenig eine Option, wie ein Ventilator. Liebe Lydia, an dieser Stelle möchte ich mich ausdrücklich für unsere gemeinsame heiße Zeit entschuldigen und danke dir für deine große Geduld.

*   *   *

Als ich anfing, den Sommer zu hassen!

Ich war nie ein Fan davon, mich im Sommer ins Freibad zu legen oder lange Urlaube am Strand zu verbringen. Mir wurde nämlich sehr früh klar, dass meine Haut und die Sonne nicht unbedingt gute Freunde waren. Ich wurde erst rot, dann schälte sich die Haut, dann war ich wieder weiß, trotz Sonnencreme, versteht sich. Während andere knackig braun wurden, war ich immer mehr der Typ „Rothaut". Aber was soll's? Irgendwann findet man sich damit ab, nach jedem Urlaub gefragt zu werden, ob das Wetter schlecht gewesen sei.

Trotzdem mochte ich den Sommer. Luftige Kleidung, Sonnenbrille, Eisdiele und lange Nächte. Ich könnte zahlreiche schöne Aspekte des Sommers aufzählen. Aber in den Gefilden des engen Mittelrheintales ist der Sommer in erster Linie eins: drückend schwül, und das ist Gift für mich. Wenn es hier erst mal warm geworden ist, dann passiert es richtig und es gibt auch nachts keine erwähnenswerte Abkühlung mehr. Auch früher schon mochte ich grundsätzlich die Natur im Frühling und Herbst lieber, weil sie dann schöner, farbenprächtiger und abwechslungsreicher ist. Aber heute fällt mir an erster Stelle ein, dass diese beiden Jahreszeiten klimatisch für mich die Erträglichsten sind.

Es hat eine Weile gedauert, bis ich die Zusammenhänge bemerkt habe. Die erste Zeit ging es mir ja immer schlecht, da waren kaum Gründe auszumachen. Aber seit einigen Jahren ist mir klar, dass heiße Sommertage die meisten und unangenehmsten Beschwerden auslösen. Das klingt eigentlich unlogisch, da man im Grunde davon ausgeht, dass Wärme den Muskeln und Gelenken gut tut. Ich selber bin ein begeisterter Wärmekissenanwender. Aber das gilt nicht mehr, sobald einen die Wärme zum Schwitzen bringt. Wenn die geschwitzte Haut wieder abkühlt, kommt bei mir das Beschwerde-Karussell in Gang. Tagsüber lässt sich zumeist ganz gut entgegenwirken, im Zweifel wird halt das Unterhemd gewechselt um den schlimmsten Effekt zu vermeiden. Das bedeutet allerdings auch, dass ich immer Unterhemd trage, auch bei 30 Grad. Alle Versuche, darauf zu verzichten, habe ich schmerzhaft bereut. Aber nachts bin ich chancenlos. Beim Aufwachen erwarten mich Muskelschmerzen, Gelenksblockaden und Schmerzen am Hinterkopf. Ab zwei solcher Nächte wird es kritisch, dann regeneriere ich ganz langsam. Richtig schlimm wird es bei länger andauernden Hitzeperioden, dann kam es schon vor, dass ich über Wochen regelrecht außer Gefecht gesetzt war.

Unabhängig von den Nächten, birgt auch der Aufenthalt in öffentlichen Gebäuden im Sommer einige Risiken. Entweder, Sie werden von der Klimaanlage weggeblasen, oder alle Fenster und Türen stehen auf, so dass Durchzug herrscht. Als mir diese Problematik bewusst wurde, habe ich ungewollt einen neuen Sport für mich entdeckt: das sogenannte „Durchzug-Hopping", bevorzugt auf der Arbeit durchgeführt. Sie müssen sich das so vorstellen: wenn ich mein - festungsartig geschütztes - Büro verließ, kam mir sofort ein Schwall Durchzugsluft auf dem Gang entgegen. Die Kunst war es nun, so an der Wand entlang zu schleichen, dass man von dem Luftzug nicht erfasst wurde. Vereinzelt wurde auch der schnelle Wechsel der Flurseite notwendig, immer die offenen Fenster und Türen im Auge und bloß nicht in ein Gespräch verwickeln lassen. Behördengänge sind lang, das wird einem erst auf der Flucht vor Durchzug so richtig bewusst.

So oder so haben diese Umstände dazu geführt, dass ich auch im Sommer immer Halstuch trage. Wer schon mal einen Zug im Nacken hatte, kennt die Problematik. Mit einem instabilen Kopfgelenk fühlt sich das noch um ein Vielfaches schlimmer an und löst in meinem Fall auch noch eine Menge Begleiterscheinungen aus. Halstücher sind nette modische Accessoires, aber wenn sie immer eines tragen müssen, hängt ihnen das sprichwörtlich zum Hals raus. Ganz zu schweigen von den Blicken, die sie ernten, wenn sie bei hochsommerlichen Temperaturen einen Schal tragen.

Während der Arbeit an diesem Abschnitt ist gerade Sommer. Wir haben ein paar echt heiße Tage hinter uns. Ich bin extrem genervt von den Problemen, die das Wetter mir bereitet. Eines morgens bin ich mit solch penetranten Muskelschmerzen und einem pochenden Hinterkopf aufgewacht, dass ich weinend im Bett saß und fluchte: „Ich hasse Sommer!".

*   *   *

Überhaupt waren meine Kolleginnen und mein einziger Kollege im Team eine große Stütze. Sie gaben mir zu keiner Zeit das Gefühl, kein vollwertiger Bestandteil der Gruppe zu sein, auch wenn ich oft ausfiel und wie oben beschrieben, das eine oder andere nicht konnte. Es gab kein böses Wort, wenn ich mich mal wieder krankmelden musste. Soweit es zeitlich möglich war, versuchte jeder im Krankheitsfall einzuspringen, damit sich die Arbeit nicht ins Unermessliche türmte. Gleiches Lob kann ich auch meinem Abteilungsleiter in dieser Zeit aussprechen. Er war extrem verständnisvoll und setzte sich mit meiner Krankheit auseinander, um die Zusammenhänge zu verstehen. Das fand ich großartig, diese Einstellung suchte Seinesgleichen. Meinem Abteilungsleiter verdankt dieses Buch auch seinen Namen: „Wackelköpfchen". Diesen Spitznamen hatte er mir verpasst und ich finde, das bringt es auf den Punkt. Sie sehen, wir hatten ein gutes kollegiales Klima. Es waren also nicht die Kollegen oder der Chef, die mir das schlechte Gewissen machten, es kam aus mir selber. Aber dagegen ist man machtlos, wenn man täglich mit seinen Schwächen konfrontiert wird und Hilfe bei Dingen benötigt, an die man früher keinen Gedanken verschwendet hat.

Ich kämpfte mich also mehrere Jahre mehr schlecht als recht durch meinen Arbeitstag. Abends war ich völlig erschöpft. Der Kampf gegen die körperlichen Probleme war anstrengend. Trotz Übelkeit, Schmerzen und all der anderen Beschwerden die Arbeitsqualität täglich aufrecht zu erhalten, zehrte. Obwohl ich mich menschlich sehr wohl fühlte und auch die Arbeit inhaltlich zufriedenstellend war, sehnte ich oft den Feierabend herbei. Heute frage ich manchmal, wie ich es damals überhaupt geschafft habe, so lange durchzuhalten. Ein Teil des Durchhaltevermögens war vermutlich angstbestimmt. Nach den Erfahrungen, die ich nach meinem langen krankheitsbedingten Ausfall in meiner vorherigen Abteilung gemacht hatte, konnte ich erahnen, dass man dort meiner Erkrankung skeptisch gegenüber stand. Ich hatte Bedenken, aufgrund meiner vielen Fehlzeiten Probleme mit der Personalabteilung zu bekommen. Bei jeder Krankmeldung fürchtete ich aufs Neue mögliche Konsequenzen. Also schleppte ich mich viel zu oft in einem nicht wirklich arbeitsfähigen körperlichen Zustand ins Büro, in der Hoffnung, dass es über den Tag besser würde.

Nach und nach richtete ich mein ganzes Leben danach aus, arbeitsfähig zu sein. Das war mir zunächst gar nicht bewusst, viele Dinge liefen automatisch ab. Aber irgendwann wurde mir klar, dass es nur noch darum ging, keine Fehlzeiten zu produzieren. Risikominimierung lautete das Motto. Das fing bei ganz kleinen Dingen an, wie zum Beispiel Fußnägel schneiden. Da die Körperhaltung dabei nicht gerade förderlich für mich ist, wurde dies immer nur unmittelbar vor meinem nächsten Physiotherapietermin erledigt, damit dann die verursachen Probleme direkt behoben werden konnten. Ähnliches gilt fürs Haare waschen. Das geht nicht mal eben so im Waschbecken. Dann könnte ich den Kopf auch gleich abnehmen. Das geht nur unter der Dusche und dort besonders vorsichtig. Auf die Idee, den Kopf in den Nacken zu legen, komme ich schon lange nicht mehr, trotzdem erledige ich den Waschvorgang lieber nah an einem Behandlungstermin und nie direkt danach.

Wesentlich einschränkender wurde es, wenn es draußen windig war, dann habe ich das Haus freiwillig nicht mehr verlassen. Zu groß war die Gefahr, dass der Wind Probleme verursachen könnte. Das gilt gleichermaßen für Sommer wie Winter. Klimaanlagen ging ich so gut wie möglich aus dem Weg. Ich würde lieber eine Veranstaltung verlassen, als mich der Klimaanlage auszusetzen. Sitzplätze in Restaurants oder bei Feiern und Veranstaltungen wurden ausschließlich nach dem Gesichtspunkt von Zugluft ausgewählt. Im Zweifel habe ich die Feier etc. einfach früher verlassen. Meine Freundin hat Zwillinge. Wie das mit kleinen Kindern so ist, sie sind wild und können logischerweise noch kein Verständnis für mein Kopfgelenk aufbringen. Also wurden die Besuchstermine dort auch immer so terminiert, dass mir daraus keine Probleme entstanden. Das heißt, am liebsten Freitag oder Samstag, dann hatte ich immer noch mindestens einen Tag, um für die Arbeit wieder halbwegs fit zu werden. Hausarbeiten habe ich nach Möglichkeit auch nur freitags oder samstags erledigt. Gut, darauf hätte ich auch ganz verzichten können, aber das ist auf Dauer auch nix. Wichtig war es auf jeden Fall, nach belastenden Umständen immer einen Puffer-Tag einzubauen, an dem ich mit Heißsalbe und Dinkelkissen die Möglichkeit hatte, meine Beschwerden zu bekämpfen. Einer meiner gängigsten Sätze in diesen Jahren lautete: „Das geht heute nicht, ich muss morgen arbeiten!".

Ich habe mir in der Zeit eine ganze Menge Dinge regelrecht verboten. So war ich beispielsweise schon jahrelang nicht mehr im Kino. Das lange Sitzen mit Blick auf die Leinwand bekommt mir nicht. Veranstaltungen im allgemeinen meide ich zumeist. Zum Beispiel Karnevalssitzungen. Finde ich super, aber da ausnahmslos die Bestuhlung so erfolgt, dass ich seitlich schauen muss, habe ich es nach zwei unglücklichen Versuchen gelassen. Gleiches gilt für die städtische Weihnachtsfeier und vieles andere. Nur im Stadtrat, da geht es meistens, dort ist die Bestuhlung besser. Nicht, dass Sie jetzt denken, ich sei eine Hypochonderin oder überängstlich. Nein, leider beruhen meine Vorsichtsmaßnahmen auf Erfahrungswerten. Wenn man ein paar mal die Suppe auslöffeln musste, die man sich durch Leichtsinn eingebrockt hat, entwickelt man Vermeidungsstrategien. Das half bedingt, aber komplett in Watte packen konnte ich mich nicht. Die Erkrankung blieb unkalkulierbar, so dass ich trotz aller Vorsicht dienstliche Ausfallzeiten akzeptieren musste. Wenn ich im Laufe der Woche viele Probleme hatte und der nächste Termin bei der Physiotherapie noch nicht unmittelbar bevor stand, opferte ich in regelmäßigen Abständen einen Urlaubstag, oder feierte Überstunden ab, um meinem Körper Ruhe zu gönnen. Das ging mir dann aber natürlich von meinem Jahresurlaub ab, den ich daher nicht mehr so ausschöpfen konnte, wie es mir gut getan hätte. Irgendwann kommt man an den Punkt, an dem man sich fragt, ob das so wirklich richtig ist. „Kann es mein einziger Lebensinhalt sein, meine Arbeitsfähigkeit zu erhalten und darüber das Leben zu vergessen?", fragte ich mich. Zu dieser Zeit hatte ich darauf keine Antwort. Der Gedanke, ob ich überhaupt noch dienstfähig bin, kam mir damals noch nicht. Ich kann es mir nicht erklären, weshalb ich nicht viel früher auf die Idee kam, über Alternativen zu dieser täglichen Quälerei nachzudenken. Aber bis es soweit war, sollte es noch etwas dauern.

In den Jahren 2010 bis 2014 blieb vieles auf der Strecke. Ich musste mich immer wieder durchbeißen, quälen und überwinden. Aber es gab auch viel Gutes. Insgesamt betrachtet ging es mir natürlich besser, als zu Beginn der Erkrankung. Ich kannte die Spielregeln der Mitochondropathie und die Schwächen meines Kopfgelenkes. Das half. Ich machte nach und nach Fortschritte in meinen Trainingseinheiten. Ich hatte fest das Ziel vor Augen, meinen Nacken durch konsequentes Training so zu stabilisieren, dass ich eine bessere Kontrolle über meinen Körper erhielt. Ich versuchte so oft, wie möglich meine Runden zu drehen und nahm verschiedene Übungen mit dem Theraband in mein Programm auf. Gerade nach schlimmen Arbeitstagen brauchte es dafür Überwindung. Aber wenn sich Trainingsfortschritte einstellten, war das ein schöner Lohn. Im Sommer 2012 konnte ich mir dann endlich einen lange gehegten Wunsch erfüllen. Während einer Urlaubswoche in Österreich konnte ich eine zweistündige Wanderung entlang des gewaltigen Bergmassiv des „Hochkönigs" machen. Dort war ich zuletzt im Jahr 2006 mit meinen Eltern gewesen. Der damalige Urlaub war stark beeinflusst von meiner schlechten körperlichen Verfassung und ich hatte mir seinerzeit selber das Versprechen gegeben, noch mal dort hinzukommen und die Strecke zu gehen. Das schien ewig lange völlig utopisch. Umso größer war die Freude, als ich es geschafft hatte. Ein Bild des „Hochkönig" hängt heute noch bei uns im Wohnzimmer.

In der Zeit danach setzte irgendwie ein Automatismus ein, der mir erst im Rückblick richtig bewusst wurde. Ob es daran lag, dass mein Gehirn sich an meine alten Judozeiten und die damit verbundenen Trainingsumfänge erinnerte oder ich einfach nur völlig betriebsblind dem Ziel eines gesünderen Körpers nachrannte, ich weiß es nicht. Auf jeden Fall verfiel ich dem Trugschluss: je mehr Training, desto besser für mein Kopfgelenk. Das stellte sich als falsch heraus, was ich aber erst sehr spät merkte. Nach meinem stationären Aufenthalt im Wirbelsäulenzentrum der „Loreley-Kliniken" ging ich in den nächsten Jahren weiterhin in die ambulante Sprechstunde. Ich wurde stets darin bestärkt mein Eigentraining fortzuführen, allerdings nur in den für mich erträglichen Maßen. Mein Orthopäde riet mir, mein „eigener Arzt" zu werden, da ich selber vermutlich das beste Gespür dafür hätte, was mir gut tut. Die Grundregeln, worauf ich bei meinem Kopfgelenk zu achten hatte, wurden noch mal wiederholt. „Eigentraining in Maßen", das ist ein, wie es im Juristendeutsch heißen würde, unbestimmter Rechtsbegriff. Ich legte ihn vielleicht etwas zu forsch aus. Wobei ich rückblickend betrachtet zwar meinen Fehler erkenne, mir aber keinen Vorwurf mache, weil ich verstehe, weshalb ich so gehandelt habe. Ich wusste, dass das Kopfgelenk als solches instabil war und es auch bleiben würde. Aber ich konnte durch eine starke Muskulatur im Nacken- Schulter- und Rückenbereich trotzdem für mehr Stabilität sorgen. Wenn ich dadurch die Chance hätte, die unangenehmen Begleiterscheinungen, wie Übelkeit, Druck im Kopf, Benommenheit usw. zu verringern, musste ich es versuchen.

Ich kaufte mir ein Laufband – nicht zum Laufen, das wäre undenkbar, nur zum Gehen - um auch bei schlechtem Wetter meine Geh-Einheiten absolvieren zu können, legte mir Hanteln in verschiedenen Größen zu und besorgte mir DVD's mit entsprechenden Trainingsprogrammen, insbesondere für einen starken Rücken. Zuerst schien es, als würde mir der geballte Trainingseinsatz

Erfolge bescheren. Subjektiv war ich positiv überrascht, welchen Trainingsumfang ich schaffte. Objektiv betrachtet allerdings, steigerte ich zwar die körperliche Belastung, aber die Beschwerden blieben die gleichen. In der Situation selbst überwog natürlich der subjektive Eindruck und die Konstanz der Beschwerden wurde einfach ignoriert. Vermutlich ging ich einfach ferngesteuert davon aus, dass sich die Beschwerden schon legen würden, wenn ich nur lange genug trainierte. Mit der guten Erinnerung an den Urlaub im Jahr 2012 wagten wir uns 2013 nach Südtirol. Auf der Strecke war ohne Ende Stau und stockender Verkehr, so dass wir zwölf Stunden unterwegs waren. Das war eine brutale Belastung für meinen Körper. Am ersten Urlaubstag war daher nicht besonders viel mit mir anzufangen. Aber es zeigte sich, dass der Fleiß der letzten Monate nicht umsonst war, ich konnte wieder die eine oder andere kleinere Wanderung mitmachen. Mehr wie zwei Stunden waren natürlich nicht drin und ich musste danach auch erst mal eine längere Pause im Hotel einlegen, aber dennoch war ich glücklich. 2007 hätte ich im Traum nicht daran gedacht, irgendwann wieder einen richtigen Urlaub machen zu können. Zurück zu Hause überraschte mich mein Mann an meinem Geburtstag mit einem Heiratsantrag. Mein Leben schien endlich wieder in die richtige Richtung zu laufen. Aber leider war das nur die Ruhe vor dem Sturm.

Die Belastungen, welchen ich durch die für mich zehrenden Arbeitstage und die regelmäßigen Trainingseinheiten ausgesetzt war, blieben nicht ohne Folgen. Meine Fehlzeiten im Büro nahmen wieder zu und die Abstände zwischen den Physiotherapieterminen wurden kürzer. Getrieben von dem Ziel, meinen Körper bestmöglich zu optimieren, um die Beschwerden und damit auch meine Fehlzeiten auf ein Minimum zu reduzieren, ignorierte ich leider die Anzeichen. Kennen Sie einen der berühmtesten Sätze des ehemaligen Weltklassetorhüters Oliver Kahn?: „weiter, weiter, immer weiter!" Das wurde mein Motto. Ich hatte solche Angst, wieder in den schlechten Zustand der Anfangsjahre zurückzufallen, dass ich auch an Tagen mit vielen Beschwerden nicht auf mein Training verzichtete. „Ich muss aber", war zumeist meine Antwort, wenn mein Mann versuchte, mich von einer Sportpause zu überzeugen. Mindestens drei Trainingseinheiten pro Woche mussten es sein, am besten fünf. Im Grunde nicht zu viel, werden Sie jetzt denken. Viele Menschen gehen regelmäßig in diesem Umfang ins Fitnessstudio oder in den Sportverein. Aber leider bin ich nicht wie die meisten Menschen. Um die Dimensionen noch mal zu verdeutlichen, wenn ich von Trainingseinheiten spreche, meine ich kein Super-Workout oder Power-Walking. Vielmehr belief es sich auf etwa 30-minütiges Gehen auf dem Laufband, kräftigende Übungen mit Theraband und Hanteln sowie dem „Nachturnen" verschiedener Fitness-DVD's. Zusätzlich unterstützt von flotten Spaziergängen am Wochenende. Auf Übungen mit Erschütterungen, Springen, Hüpfen etc. verzichtete ich natürlich genauso, wie auf akrobatische Übungen, bei denen sich mein Körper verdrehen könnte. Ich tat also eigentlich nix, wovon ein normaler Mensch Schaden nähme. Das alles war ganz weit weg von dem, was ich in meinen gesunden Zeiten konnte, aber dennoch zu viel, was mir aber lange nicht klar war.

Zusätzlich war ich neuen Methoden gegenüber aufgeschlossen. Mein Physiotherapeut empfahl mir die Anschaffung einer Pilates-Rolle. Stellen Sie sich eine ein Meter lange Rolle vor, die ich auf den Boden legen sollte und mich dann darauf. Das war genauso wackelig, wie es sich anhört. Ich hatte gar nicht so viele Arme, wie ich zum Abstützen brauchte. Bei einem der ersten Versuche hatte ich mich so unglücklich abgestützt, dass irgendetwas – unfachmännisch ausgedrückt - in der rechten Schulter blockierte und ich ungelenk auf der Rolle landete. Dort fühlte ich mich wie eine Schildkröte auf dem Rücken und musste meinen Mann zur Hilfe holen, um beim Aufstehen weiteres Unheil zu verhindern. Die Rolle landet erst mal auf dem Speicher. Mal schauen, ob ich sie irgendwann noch mal hervorhole.

Natürlich war mein Trainingseifer nur die eine Komponente. Eigentlich verlangte mir der Arbeitstag schon alles ab. Beides zusammen manövrierte mich in einen ungesunden Rhythmus von Arbeitstagen, die aufgrund meiner körperlichen Beschwerden eine hohe Belastung darstellten und Trainingseinheiten, die mich auch nach Feierabend noch zusätzlich stark belasteten. Wenn es meine körperliche Verfassung zuließ, versuchte ich außerdem am sozialen Leben teilzunehmen und besuchte Ausschuss- und Stadtratssitzungen. So ging das Jahr 2013 zu Ende und ich rotierte – nennen wir es mal – mit hoher Drehzahl. Aber das war noch steigerungsfähig. Im Jahr 2014 warteten noch mehr Belastungen auf mich.

Es fing schon damit an, dass es in meinem Arbeitsgebiet eine umfangreiche Gesetzesänderung gab. Und zusätzlich auch noch eine Änderung der bisher gültigen Rechtsprechung, so dass wir sämtliche laufenden Akten, wie auch eine große Menge archivierter Altakten im Hinblick auf diese Änderungen überprüfen mussten. Das bedeutete, dass nahezu jede Akte aus dem Schrank genommen werden und das bereits zitierte, überfüllte Regal im Archivkeller durchforstet werden musste. Nachdem Sie jetzt schon so einiges über mein Beschwerdebild wissen, können Sie sich bestimmt vorstellen, dass mir diese Aufgaben körperlich Probleme bereiteten. Auf mehreren Schrankmetern Akten raus, Akten wieder rein und das auf sämtlichen Ebenen, da rettete mich auch der Hocker nicht. Hinzu kamen längere Arbeitstage als üblich, da die regulär anfallende Sachbearbeitung ja auch noch erledigt werden musste, was für mich noch mehr Sitzen und PC-Arbeit bedeutete. Die Höchststrafe für meinen Körper. Aber schlapp machen gab es nicht, schließlich hatte ich in dem Jahr ja noch etwas vor. Für April 2014 war die Hochzeit geplant. Ich bin nicht der Typ, der sich mit seiner Hochzeit einen Märchenprinzessinnentraum erfüllt, aber schön werden sollte es natürlich trotzdem. Nachdem ich in den vergangenen Jahren so viele Einschränkungen auf mich nehmen musste, wollte ich zumindest an meinem Hochzeitstag das Gefühl haben, ein normaler Mensch zu sein und auf keinen Wunsch verzichten zu müssen. So liefen also neben dem Stress im Job die Hochzeitsplanungen auf Hochtouren. Essen aussuchen, Kleid kaufen, Dekoration basteln, das ganze Programm eben. Ich glaube, ich habe noch nie verbissener darauf geachtet, keine Fehler zu machen, um keine unnötigen körperlichen Probleme zu riskieren.

Ich konnte auf der Arbeit unmöglich fehlen, da sich dort die Akten türmten. Ich arbeitete mehr oder weniger im Akkord, um zumindest so viel abzuarbeiten, dass die zwei Wochen Urlaub nach der Hochzeit kein Problem darstellten. Es ist zwar nicht besonders sinnvoll, vor dem Urlaub so Gas zu geben, dass man völlig ausgelaugt ist, aber leider war das bei uns die Regel, das betraf nicht nur mich. Aber auch privat konnte ich mir aufgrund der Hochzeitsvorbereitungen keinen Ausfall erlauben. Und da aller guten Dinge drei sind, stand auch noch die Planung der Kommunalwahl 2014 an. Listen mussten aufgestellt, Flyer gestaltet und verteilt und Wahlkampfstände organisiert werden. Ich kann mich noch gut daran erinnern, dass ich irgendwann im März mit dem Planungsteam zusammensaß, es ging auf 22 Uhr zu und ich konnte einfach nicht mehr. Die Gespräche liefen an mir vorbei, Konzentration war nicht mehr möglich. Ich habe mich dann mit den Worten verabschiedet: „Leute, ich kann nicht mehr, meine Energiezellen sind leer."

Um das Programm im ersten Vierteljahr 2014 durchzuhalten, habe ich, Sie ahnen es vermutlich schon, besonders eisern trainiert. Bloß nicht riskieren, dass der Nacken schlapp macht, war die Devise. Meine Kollegin sagte später zu mir: „Du hast dich mit der Hochzeit übernommen. Ich kann verstehen, dass du richtig feiern wolltest, ohne Rücksicht auf deine Krankheit, aber das war wohl zu viel für dich." Sie hatte vermutlich Recht. Unsere Hochzeit war wunderschön, wir waren rundum zufrieden und glücklich. Eine meiner Tanten sagte mir wenige Tage später, sie hätte Bedenken gehabt, dass ich die Feier durchstehe, da sie über die Umstände der Erkrankung gut informiert war. Ganz ehrlich: ich auch. Zwischen dem Aufbau am Veranstaltungsort und der Feier am Abend musste ich auch tatsächlich erst mal eine Runde schlafen.

Aber danach lief es gut, was ich vermutlich dem Adrenalin zuschreiben muss.

Im Mai 2014 begann dann die Fassade zu bröckeln. Ich bekam eine Halsentzündung, die mich ungewöhnlich lange außer Gefecht setzte. Das hatte zur Folge, dass ich nach der Fehlzeit erst mal wieder den stark angewachsenen Postberg auf meinem Schreibtisch abarbeiten musste, wodurch ich natürlich wieder lange im Büro war. Im Prinzip war ich von kurz nach sieben bis mindestens halb fünf auf der Arbeit, also neun Stunden plus x, abzüglich einer halbstündigen Mittagspause. Für mein instabiles Kopfgelenk natürlich viel zu lange. So fühlte ich mich auch, die Beschwerden stiegen immer mehr an und damit auch die Fehltage. Im Jahr 2014 war ich über 40 Tage krank. Hinzu kamen eine Menge Tage, an denen ich nur körperlich anwesend war, da es mir im Grunde zu schlecht ging, um ordentliche Arbeit abzuleisten. Es entwickelte sich ein sehr unglücklicher Kreislauf. Es kam jeden Tag mehr Post rein, als ich abarbeiten konnte und jeder Fehltag verschlimmerte die Situation. Der Versuch, alles aufzuarbeiten, endete in Überstunden und in der Folge wieder in Fehlzeiten.

Im Spätherbst bekam ich zusätzlich noch eine Grippe, die mir lange zu schaffen machte. Zwei Infekte in einem Jahr, das war ungewöhnlich. Normalerweise hatte ich ein recht gutes Immunsystem, zum Glück, die Grunderkrankung reicht ja schon vollkommen. Besorgt wegen der vielen Fehlzeiten suchte ich im November 2014 das Gespräch mit dem Personalleiter. Ich hatte mir Gedanken darüber gemacht, wie ich meine Fehlzeiten reduzieren könnte und wollte dies erörtern. In meiner Behörde gab es seit vielen Jahren sogenannte alternierende Telearbeitsplätze. Das heißt, man kann an einer festgelegten Anzahl Tage von zu Hause aus arbeiten. Die technischen Voraussetzungen waren gut, so dass es eine tolle Alternative für Kollegen mit langen Fahrtwegen, kleinen Kindern oder pflegebedürftigen Angehörigen war. Irgendwann wurde der Kriterienkatalog um den Aspekt „persönliche Gründe" erweitert. Meiner Auffassung nach, war eine komplexe Erkrankung ein persönlicher Grund, daher hörte ich diesbezüglich nach. In meinem Fall würde es zwar grundsätzlich keinen Unterschied machen, ob ich im Büro oder zu Hause arbeite, die körperlichen Beschwerden blieben die gleichen. Aber zu Hause könnte ich mich wesentlich problemorientierter einrichten. Alle Hilfsmittel hätte ich direkt vor Ort. Ja, auch im Büro hatte ich ein Dinkelkissen, aber mal ehrlich, es ist nicht besonders spaßig, mit diesem Ding im Nacken im Büro zu sitzen und ständig Erklärungen dazu abgeben zu müssen. Die Vorstellung, mit der immer wiederkehrenden Übelkeit in vertrauter Umgebung zu Hause zu arbeiten, ist auch wesentlich angenehmer, als dies im Büro bei immerwährender Gesellschaft durchzustehen. Ständig geht es rein und raus und sie müssen sich permanent zusammenreißen oder ein Statement dazu abgeben, weshalb Sie so elend aussehen. Vom Thema Durchzug und Lüften – insbesondere im Sommer – ganz zu schweigen. In meinen eigenen vier Wänden könnte ich machen, was ich will, ohne mich Gefährdungen auszusetzen oder die Kollegen mit saunaähnlichen Verhältnissen zu quälen. Zu alle dem, würde es mein morgendliches Abwägen, ob ich es überhaupt ins Büro schaffen kann, erleichtern. Neben der Wahl zwischen ganz oder gar nicht, hätte ich so noch die Option zu Hause zu arbeiten, vielleicht auch ab und an erst um 10 Uhr anzufangen, wenn die Anlaufzeit mal wieder länger dauert. Vermutlich hätte das dazu geführt, dass ich mich weniger hätte krank melden müssen. So war zumindest meine Idee, die ich mit dem Personalleiter erörterte. Wir einigten uns darauf, im Rahmen des Gesundheitsmanagements eine 1-2 jährige Testphase durchzuführen, um zu überprüfen, ob sich dadurch tatsächlich die Fehlzeiten reduzieren ließen. Mein Abteilungsleiter sollte Kontakt mit den entsprechenden Stellen im Haus aufnehmen, um alles in die Wege zu leiten. Das war also im November 2014. Bis ich die Möglichkeit erhielt, von zu Hause zu arbeiten, war es April 2015.

*   *   *

Gesundheitsmanagement Fehlanzeige!

Behörden schmücken sich nach außen gerne mit ihren Auszeichnungen und Zertifikaten, z.B. „Beruf und Familie", „Gesundheitsmanagement" etc. Aber was steckt tatsächlich hinter diesen Bezeichnungen? Oft ist es mehr Schein als Sein, das musste ich zumindest feststellen, als ich bezüglich meiner Erkrankung Hilfe benötigt hätte.

Bereits in den Jahren 2004 bis 2006, also zu Beginn meiner Erkrankung, fühlte ich mich auf mich alleine gestellt. Meine Fehlzeiten im Büro wurden damals immer mehr, aber dennoch wurde ich nie gefragt, ob man mir helfen könne. Vielleicht wäre es im Rahmen eines Gesundheitsmanagements oder einfach aus dem Aspekt der Fürsorgepflicht heraus angemessen gewesen, das Gespräch mit mir zu suchen. Es hätte ja sein können, dass meine gesundheitlichen Probleme dienstliche Gründe haben, die man abstellen könnte. Dem war zwar nicht so, aber das wussten die Verantwortlichen ja nicht. Darauf wartete ich vergeblich. Die gesamte Initiative kam von mir, ich sprach offen über meine Beschwerden. Ein konkretes Hilfsangebot blieb aber aus. Ich musste vielmehr die Erfahrung machen, dass ich am Telefon schroff mit den Worten: "Was ist denn jetzt schon wieder?" begrüßt wurde, wenn ich mich krank melden wollte.

Als ich später die Abteilung wechselte und fortan eine große Menge Akten bewegen musste, ging ich auf unsere Betriebsärztin zu und bat um Überprüfung, ob ein neues, für mich einfacher zu bedienendes Schranksystem möglich sei. Dem wurde zugestimmt. Unser Zimmer wurde mit einem Schrank ausgestattet, der sich in kleine Abschnitte unterteilen ließ, so dass es für mich etwas einfacher wurde, Akten reinzustellen bzw. rauszunehmen und somit nicht ständig körperliche Beschwerden verursacht wurden. Das hatte ich nur meiner Eigeninitiative zu verdanken.

Als in den Jahren 2013 und 2014 die Fehlzeiten wieder anstiegen, wartete ich abermals vergeblich auf ein Hilfsangebot. Ich weiß nicht genau, woran das lag. Vermutlich, weil es keine Beschwerden gab. Trotz aller Fehlzeiten, ich erledigte irgendwie meine Arbeit, auch wenn ich dafür mehr als eine Frühstückspause stornieren musste und immer ziemlich gehetzt unterwegs war. Es gab keine Klagen, weder von außen, noch von der Abteilungsleitung. Also gab es offensichtlich für die Personalabteilung keinen Grund, auf mich zuzugehen. Mir waren die vielen Fehlzeiten aber unangenehm, so dass ich nach Lösungsansätzen suchte. Dass meine Erkrankung nicht mehr verschwinden würde, war klar, aber vielleicht gab es Möglichkeiten, mir den Arbeitsalltag etwas erträglicher zu gestalten. So kam ich auf die Idee mit der Telearbeit. Ich ergriff also abermals selber die Initiative und bat um ein Gespräch mit dem Personalleiter. Wie bereits berichtet, führte mein Abteilungsleiter im Anschluss die notwendigen Gespräche, um alles in die Wege zu leiten. Das war im November 2014. Nachdem es zunächst hieß, es sei kein Problem mir einen Telearbeitsplatz einzurichten, verstrich immer mehr Zeit und es geschah nichts. Die Zusagen, die mein Abteilungsleiter erhalten hatte, wurden gefühlt mit jedem Tag weniger, bis der komplette Telearbeitsplatz wieder in Frage stand. Was dahinter steckte? Ich müsste raten oder mutmaßen, das lasse ich aber lieber. Die offizielle Erklärung lautete, dass man mir keinen Telearbeitsplatz außerhalb des Ausschreibungszeitraums geben könne.

Was bedeutet das? In meiner Behörde wurden zuletzt die Telearbeitsplätze im Rahmen eines Ausschreibungsverfahrens vergeben. Innerhalb einer bestimmten Frist konnte man sich bewerben und seine Gründe erläutern. Die ausgewählten Mitarbeiterinnen und Mitarbeiter erhielten dann einen zeitlich befristeten Telearbeitsplatz. Als ich anfragte, hatte die befristete Laufzeit bereits begonnen, insofern lag ich außerhalb des Ausschreibungszeitraums. Bei strenger Auslegung der entsprechenden Dienstvereinbarung, konnte man mir gegenüber also so argumentieren, aber nachvollziehbar war das in meiner Situation trotzdem nicht. Können Sie sich tatsächlich einen Arbeitgeber vorstellen, der einem Mitarbeiter die Möglichkeit auf einen Homeoffice-Platz versagt, obwohl sich daraus positive Aspekte für beide Seiten, also eine klassische „Win-Win-Situation", ergeben würde? Kaum vorstellbar, aber so ist es mir passiert. Im Rahmen des behördeninternen Gesundheitsmanagement hätte es doch möglich sein müssen, eine Ausnahme von dem besagten Ausschreibungszeitraum zu machen. Über ein wenig mehr Flexibilität hätte ich mich gefreut.

Das ganze Prozedere zog sich bis April 2015. Ich bin mir ziemlich sicher, dass die verantwortliche Person alles für mich möglich machte, was auch nach außen vertretbar war und keinen Konflikt mit der Dienstvereinbarung darstellte. Aber manchmal sind die Wege und Abläufe innerhalb einer Behörde unglaublich lähmend. Das ist gar nicht als Kritik gemeint, vielmehr als reine Feststellung. Ich erhielt also keinen echten Telearbeitsplatz, sondern mir wurde lediglich die Möglichkeit eingeräumt, je nach körperlicher Verfassung von zu Hause aus arbeiten zu können. Das war immerhin etwas, dachte ich zuerst. Aber somit war natürlich auch meine technische Ausstattung begrenzt. Der Laptop, den ich zur Verfügung gestellt bekam, hing sich nach jedem Windows-Update auf, so dass ich ihn jedes Mal zur EDV-Abteilung bringen musste. Einen Drucker hatte ich gar nicht, was bedeutete, dass ich alle Schreiben speichern und zu einem späteren Zeitpunkt im Büro ausdrucken musste. Ein flüssiger Arbeitsablauf sieht anders aus und eine echte Erleichterung auch.

Wenn ich heute darüber nachdenke, welche Impulse von einem guten Gesundheitsmanagement hätten ausgehen können, kann ich nur den Kopf schütteln. Vermutlich hätte es an meiner aktuellen Situation heute nichts geändert, aber dennoch wäre es ein Versuch wert gewesen, sich mit mir und meiner Erkrankung auseinander zu setzen. Möglicherweise wären Ideen, wie ein höhenverstellbarer Schreibtisch oder ein Diktierprogramm daraus erwachsen. Ich hätte es damals gerne ausprobiert. Aber so war ich auf mich alleine gestellt und mühte mich durch meinen Arbeitstag. Das Ganze kostete mich ohnehin schon genug Energie, dass ich nicht noch die Kraft aufbrachte, mich mit weiteren Anträgen an die entsprechenden Stellen zu wenden. Unter dem Begriff „Gesundheitsmanagement" stelle ich mir u.a. schnelle und unbürokratische Hilfe für erkrankte Mitarbeiterinnen und Mitarbeiter vor. Kurse zu dem Thema „gesunde Ernährung am Arbeitsplatz" oder Rückenschule, mögen nett sein, erfüllen alleine aber nicht den Anspruch an die Fürsorgepflicht. Prävention ist wichtig, aber was nützt das, wenn Mitarbeiterinnen und Mitarbeiter im Krankheitsfall doch alleine gelassen werden?

*   *   *

Nikolaus 2014

Das stressige Jahr 2014 ging dem Ende zu und ich sehnte den Jahrewechsel herbei. Irgendwie hat man ja immer die Vorstellung, dass im neuen Jahr alles anders wird. Aber dann kam erst mal der verhängnisvolle Nikolaustag. Am Abend des 05.12.2014 besuchte ich das Weihnachtssingen im Ortskern. Ich gönnte mir ein Würstchen, eine Waffel und eine Flasche Wasser. Es war zwar sehr kalt, was ich schnell an Schulter- und Nackenmuskulatur merkte, aber ansonsten war alles in Ordnung. Bis zum nächsten Morgen. Ich erwachte mit schlimmen Bauchkrämpfen. Das schob ich erst mal auf die Kälte vom Vorabend und legte mir ein Wärmekissen auf den Bauch. Das nützte nichts. Wenig später musste ich mit übelsten Krämpfen auf die Toilette. Mir wurde so schlecht, wie ich es zuvor noch nie erlebt hatte. Ich hatte das Gefühl, umzukippen. Mein Mann war nicht da also rief ich meine Eltern zur Hilfe. Mit einem nassen Tuch auf der Stirn wurde der Kreislauf wieder besser, aber der Toilettendrang ließ nicht nach. Dazu musste ich mich auch noch übergeben, pfui. Ekelmäßig also das volle Programm. Irgendwann schleppte ich mich ins Bett. „Mist, Magen verdorben", war mein erster Gedanke. Schnell war die Waffel vom Vortag als Schuldige ausgemacht. Oder war vielleicht das Wasser viel zu kalt? Egal was, es war jetzt erst mal draußen. Dachte ich zumindest.

Der Rest des Tages spielte sich im Wechsel zwischen Toilettengängen und Übergeben ab. Ich weiß nicht, was sich damals den Weg durch meinen Körper bahnte, aber es schüttelte mich dermaßen, dass ich Angst um mein Kopfgelenk bekam. Aber ich hatte meinen Körper nicht mehr unter Kontrolle, so dass ich den Erschütterungen nicht entgegenwirken konnte. Dieser eine Tag hatte üble Folgen, die mich noch lange begleiten sollten. Sobald ich halbwegs auf den Beinen war, ging ich zum Arzt. Leider ließ sich aber nicht mehr ermitteln, was tatsächlich los war. Ich war extrem geschwächt und mein Körper fühlte sich an, als wäre kein Wirbel mehr an seinem Platz. Vom Kopf bis zum unteren Rippenbogen war gefühlt alles verschoben. Auch die Physiotherapie half nicht. Weihnachten und Silvester hatte ich immer noch mit den Nachwirkungen zu kämpfen, so dass beides ziemlich bescheiden ausfiel.

Heute glaube ich, dass es gar kein Magen-Darm-Infekt war, sondern vielmehr das Signal eines völlig überforderten Körpers. Bei meinem Streben nach einem halbwegs normalen Leben hatte ich mich an den Rand eines körperlichen Zusammenbruches gebracht. Es fühlte sich an, als sei die Aus-Taste gedrückt worden. Für die vielen Jahre des Kampfes, des „Nicht-Aufgeben-Wollens" und der Quälerei im Arbeitsalltag, zahlte ich nun einen hohen Preis, es kam zu einem gewaltigen Rückfall. Ich habe in einem Fachbuch die Bezeichnung: „Erschöpfung der Leistungsreserven" gefunden, das trifft es ziemlich genau. Dort wird folgendes ausgeführt: „Viele Patienten bemühen sich trotz Schmerzen oder anderen Leistungseinbußen ihren Alltag wie üblich zu gestalten. Mit einem zusätzlichen Arbeitsaufwand werden die vorher erbrachten Leistungen weiterhin erbracht. Vor allem Menschen in leitenden Funktionen beginnen, Überstunden zu machen und über das Wochenende zu arbeiten. Oft wird der eigene Leidenszustand im Berufsumfeld und in der Familie verschwiegen, da sich ein gewinnorientierter Betrieb nur auf voll leistungsfähige Mitarbeiter und Mitarbeiterinnen abstützen will. Solche Zustände können Wochen oder sogar Monate andauern. Sind die Leistungsreserven erschöpft, erfolgt ein Zusammenbruch und die vorher kompensierten Defizite werden wieder manifest."[16] Dies beschreibt sehr gut meine eigene Situation, allerdings dauert dieser Zustand bei mir nicht nur Wochen oder Monate, sondern mehrere Jahre an.

2015 oder „Schlimmer geht immer!"

Aufgrund des Befindens in den vergangenen Wochen wurde mir bewusst, dass ich mich noch intensiver mit meiner Erkrankung auseinander setzen musste, um für die Zukunft weitere Fehlerquellen auszuschließen. Ich begab mich auf die Suche nach Möglichkeiten, um meine anhaltenden Muskelprobleme in den Griff zu bekommen. Nachdem ein Test ergab, dass ich stark übersäuert war, begann ich im Januar 2015 mit Infusionen zur Entsäuerung. Gleichzeitig nahm ich auch wieder Termine bei der Sauerstoff-Therapie wahr, um meine Mitochondrien zu stärken. Die Ernährungsregeln frischte ich noch mal auf und verstärkte für einen bestimmten Zeitraum die Vitamin-B12-Dosis. Ich hoffte, so den Rückfall auffangen zu können. Aber bereits nach der ersten Entsäuerungs-Infusion ging es mir schlecht. Die Wirkung setzte etwas zeitverzögert am Abend ein, so dass ich zunächst an übliche Kopfgelenksbeschwerden dachte. Ich hatte Gleichgewichtsprobleme und schwankte durch die Wohnung. Das sind dann so Situationen, in denen ich die Öffnung des Türrahmens nicht treffe und stattdessen gegen das Holz laufe. Das ist mir bereits einige Male passiert und ich möchte anmerken, dass ich keineswegs betrunken war. Aber so muss es sich wohl anfühlen. Es ist ein Wunder, dass ich noch keine blauen Augen davongetragen habe. Der Druck im

Kopf war an diesem Abend enorm, aber noch hatte ich die Infusion nicht in Verdacht.

Beim zweiten Mal wurde es schlimmer. Ich zitterte am ganzen Körper und war völlig benommen, so sehr, dass ich mich erst mal hinlegen musste. Um zum Abendessen ins Esszimmer zu gelangen, musste ich mich auf meinen Mann stützen. Das war absolut unwirklich. Er hatte gefüllte Paprikaschoten gekocht, die mochte ich eigentlich. Aber ich konnte an diesem Abend nichts essen. Gefüllte Paprika mag ich jetzt auch nicht mehr, sie erinnern mit an meinen bemitleidenswürdigen Zustand damals. Der Verdacht lag nahe, es könnte an den Infusionen liegen, aber die mussten schließlich sein.

Parallel hatte ich aber auch seit dem „Nikolaus-Vorfall" massive Probleme mit blockierten Wirbeln und einer herausstehenden Rippe links, die mir viele Probleme, insbesondere Übelkeit verursachten. Es musste also nicht die Entsäuerung sein. Mein Arzt schrieb mich jedenfalls erst mal krank, der Zustand ließ wirklich kein Arbeiten zu. Nach der dritten Infusion gab ich auf, die Nebenwirkungen waren viel zu stark. Warum erklärte sich erst später. Zum „Aufpeppeln" gab es dann Vitamin-B12-Infusionen. Wie ich das hasse. Klar, wer lässt sich schon gerne die Arme durchstechen, aber schlimmer war die Körperhaltung während die Infusion durchlief. Mindestens 30 Minuten saß ich völlig verkrampft mit ausgestrecktem Arm auf einem Stuhl. Dabei konnte ich spüren, wie die Schulter- und Nackenmuskulatur immer mehr „zu machte". Liegen konnte ich aber auch nicht. Die üblichen Arztliegen sind nicht förderlich für mein Kopfgelenk, somit war das keine Option. Infusionen entwickelten sich also immer mehr zur Qual.

Irgendwann Mitte Januar 2015 wurde die Übelkeit so schlimm, dass ich schon fürchtete, es ging wieder los wie an Nikolaus. Ich suchte nach einem erfahrenen Orthopäden in der Nähe, der mir umgehend einen Termin geben konnte. Zum Glück wurde ich schnell fündig. Auf dem fünfzehnminütigen Weg in die Praxis klammerte ich mich an eine Plastiktüte, weil ich Angst hatte, ich könnte mich jeden Moment übergeben, so übel war mir. Der Orthopäde hatte gleichzeitig auch eine chiropraktische Ausbildung und „renkte" mich erst mal ordentlich ein. Es krachte überall, so heftig, dass die im Raum anwesende Arzthelferin erschrak, aber relativ schnell danach ließ der Druck im Brustkorb nach und die Übelkeit verbesserte sich. Insgesamt dreimal nahm ich diese „Wirbel-Knack-Dienste" in Anspruch. Als Auslöser für die massiven Probleme wurden die mehrfachen Erschütterungen des Körpers während des Übergebens im Dezember ausgemacht. Nachdem sich alles wieder etwas beruhigt hatte, ging ich auch wieder zur Arbeit. Sechs Wochen hatte mich dieses Körper-Chaos insgesamt gekostet. Ich verstand zwar immer noch nicht, was im Januar aufgrund der Infusionen passiert war, aber ich blickte lieber nach vorne und stürzte mich in die Arbeit. Wie Sie sich inzwischen sicher vorstellen können, stapelten sich die Akten bereits auf meinem Schreibtisch. Verstrichene Fristen kosten Geld, also musste ich retten, was möglich war. Das ging genau eine Woche gut, nein, das muss ich anders ausdrücken: ich hielt genau eine Woche durch. Der Einstieg von null auf hundert nach sechs Wochen Krankheit war zu viel. Mein Arzt empfahl mir eine stufenweise Wiedereingliederung und stellte mir die entsprechende Krankmeldung aus. Anfang März 2015 versuchte ich es also mit 4 Stunden täglich. Aber selbst das war zu viel, nach fünf Tagen musste ich mir eingestehen, dass ich körperlich nicht in der Verfassung war, zu arbeiten. Es folgte erneut eine krankheitsbedingte Zwangspause. Ich verstand die Welt nicht mehr, was war bloß mit mir los?

Kurz zuvor hatte ich den Physiotherapeuten gewechselt. Nicht, dass der vorherige nicht gut war, daran lag es nicht. Aber ich wollte etwas Neues probieren, um so vielleicht andere Behandlungsimpulse zu erhalten. So wie es war, konnte es ja nicht weitergehen. Ich kann mich noch sehr gut an die Antwort der neuen Physiotherapeutin erinnern, als ich sie nach dem ersten Behandlungstermin fragte: Und, wie sieht es aus, was meinen Sie?", sie antwortete kurz und leider zutreffend:

„Viel Arbeit!" Ich erhielt erst mal Trainingsverbot. In meinem Körper war offensichtlich alles aus dem Gleichgewicht geraten. Jeder weitere Einfluss auf die Muskulatur hatte nur weitere Verkrampfungen zur Folge. Daran hielt ich mich dann auch erst mal und hoffte, Trainingspause und Behandlung würden mich weiter bringen.

Ende März wollte ich wieder einen Arbeitsversuch wagen. Dabei gab es eine große Diskrepanz zwischen Ehrgeiz und tatsächlichem Können. Immer, wenn es mir zwischendurch einen Tag halbwegs gut ging, hoffte ich, es gehe bergauf, und wollte den Krankenstand beenden. Ich glaube, mein Arzt hätte mich lieber länger krankgeschrieben, damit ich mich richtig erhole, aber er kannte auch meine Befürchtung, dass zu viele Fehlzeiten dienstliche Probleme mit sich bringen könnten, so dass er mich bei meinen Wiedereingliederungsversuchen unterstützte. Über zwei Wochen - zwischen Ende März und Anfang April 2015 - hielt ich mich mit dem Einsatz von halben Urlaubstagen über Wasser, so dass ich immer nur einen über den anderen Tag ganztags arbeiten musste. Das entspricht zwar nicht dem Gedanken, seinen Erholungsurlaub in größeren Einheiten zu nehmen, damit er auch einen Effekt hat, aber es war in der Situation die einzige Möglichkeit, überhaupt arbeiten gehen zu können. Es war ein auf und ab. Sobald die Belastung für meinen Körper gesteigert wurde, nahmen die Beschwerden noch mehr zu.

Auf ein paar Tage Ruhe folgte dann ein halbwegs brauchbarer Tag, so dass ich dachte, es geht wieder. Es ging aber immer nur für ein paar Tage. Es war wie ein Teufelskreis und ich sah keinen Ausweg. Nach Ostern folgte, dem bisherigen Rhythmus treu bleibend, also wieder eine Woche krankheitsbedingten Ausfalls. Für den 13.04.2015 war mir dann endlich der lang ersehnte Laptop fürs Homeoffice angekündigt. Ich holte ihn bei der EDV-Abteilung ab und machte mich zu Hause direkt ans Einrichten. Ich freute mich auf die erhoffte Erleichterung, doch daraus wurde erst mal nichts.

In der Nacht auf den 14.04.2015 nahmen meine Beschwerden in einer bislang unbekannten Dimension zu. Ich wachte nachts auf und hatte das Gefühl weder schlucken noch atmen zu können, mein Nacken war eine einzige harte Fläche. Lippen und Zunge fühlten sich ganz merkwürdig an, so als würden sie nicht zu mir gehören. Ich bekam Angst. Mit Ibuprofen und Heißsalbe versuchten wir das Schlimmste zu beheben, aber den Rest der Nacht war an Schlafen nicht mehr zu denken. Mein Mann und ich entschieden uns früh morgens in die Notaufnahme des Krankenhauses zu fahren, da wir alleine diesen massiven Verhärtungen nichts mehr entgegenzusetzen hatten. Ich war sehr wacklig auf den Beinen. Normalerweise gehe ich höchst selten ungeschminkt aus dem Haus. In dem Moment war mir das völlig egal.

Der Arzt in der Notaufnahme erkannte das Desaster und empfahl eine stationäre Behandlung mit Muskelrelaxans und Schmerzmittel. Ich blieb vier Tage im Krankenhaus und erhielt in der Zeit Infusionen mit starkem Schmerzmittel, sowie Tabletten, die meine völlig verkrampfte Muskulatur lockern sollten. Die Mittel schlugen ein, wie eine Bombe. Bereits nach einem halben Tag stand ich völlig neben mir. Mein Zustand war eine Mischung aus Schweben und Schlafen. Wenn ich aus dem Bett aufstehen wollte, musste ich aufpassen, dass mir die Beine nicht wegknickten. Für meinen sensiblen Körper, der normalerweise, mit Ausnahme von „Ibuprofen", nur pflanzliche Medikamente und Mikronährstoffe kannte, war der „Drogencocktail" zu stark. Aber zumindest spürte ich keine Schmerzen mehr und der Steinklumpen im Nacken löste sich auch auf. Erstmals seit Monaten fühlte sich mein Körper locker an. Dem Umstand hatte ich es später auch zu verdanken, dass die Physiotherapeutin endlich richtig an mir arbeiten konnte. Vorher war kein Durchdringen möglich. Der behandelnde Orthopäde erklärte mir, dass der Teufelkreis zwischen Schmerzen und Muskelverhärtung durchbrochen werden müsse, da das eine gleichzeitig auch immer das andere bedinge. So erlebte ich also vier Tage, wie im Rausch. Am letzten Tag wurde die Dosis reduziert, so dass ich wieder klarer denken konnte. Eine Woche sollte ich die Medikamente zu Hause noch in reduzierter Menge einnehmen, jeden Tag ein bisschen weniger. Dabei machte mir der behandelnde Arzt sehr deutlich, dass das verabreichte Muskelrelaxans kein Mittel zur Selbstmedikation sei und auf keinen Fall eigenständig eingesetzt werden sollte. Zu dem Zeitpunkt bedauerte ich das ein wenig, da ich die Hoffnung hatte, mir bei schlimmen Verhärtungen so selber helfen zu können. Aber jetzt, wo ich die Nebenwirkungen kenne, verzichte ich lieber darauf. Der Orthopäde empfahl mir schnellstmöglich nach der Entlassung eine physiotherapeutische Behandlung wahrzunehmen, um die verbliebenen Verkrampfungen zu lösen und den Körper zu mobilisieren. Er gab mir eine Krankmeldung für die folgende Woche mit und einen schriftlichen Behandlungsbericht für meinen Hausarzt. Aus der einen Woche wurden leider viele Wochen mehr, die ich krankheitsbedingt zu Hause bleiben musste.

Die Zeit nach dem Krankenhausaufenthalt, war für mich wie ein Ritt durch die Hölle. Die Nachwirkungen des Muskelrelaxans und der starken Schmerzmittel warfen alles in meinem Körper durcheinander. Vor lauter Kraftlosigkeit schlich ich im Flur an der Wand entlang, ich konnte mich nur mit Mühe auf den Beinen halten. Ich hatte noch nie zuvor mit hohem Blutdruck zu tun, jetzt hatte ich plötzlich wahnsinnig hohe Werte und fühlte mich permanent zitterig. Neben allen Beschwerden, die meinen Körper ohnehin aufgrund der Kopfgelenksinstabilität quälten, setzte der neue Zustand dem Ganzen echt die „Krone auf". Wenn ich alleine zu Hause war, hatte ich das eine oder andere Mal wirklich Angst, so unberechenbar waren die Beschwerden. Einmal zog ich mir einfach im Bett die Decke über den Kopf und hoffte, wenn ich sie wieder wegnehme, ist alles ok. Ich weiß, das ist sehr kindisch und sehr hilflos. Aber was soll ich es jetzt beschönigen, ich war körperlich echt erledigt. Sehr, sehr langsam, baute mein Körper die Giftstoffe aus den Medikamenten ab und genauso langsam verbesserte sich mein Zustand. Irgendwann normalisierte sich glücklicherweise auch der Blutdruck wieder.

Ich besprach mit meinem Hausarzt, das weitere Vorgehen. In diesem Zusammenhang kam ich nochmals auf meine schlechte Verfassung im Januar nach den Infusionen zu sprechen, da mir das immer noch unerklärlich war. Plötzlich fiel es zeitgleich meinem Arzt, wie auch mir ein: in der Vergangenheit hatte ein Test ergeben, dass ich einen homozygoten Gendefekt habe. Aufgrund einer Punktmutation im CYP1A2-Gen ist die Entgiftungsleistung der Phase I Reaktion beeinträchtigt, so dass Giftstoffe, wie zum Beispiel Medikamente, in meinem Körper nur sehr schwer abgebaut werden können. Dieser Gentest ist aus dem Jahr 2007 und war aufgrund der langen Zeitspanne bis heute etwas in Vergessenheit geraten. Durch die Störung der Entgiftungsphase I, setzten mir nicht nur die Medikamente aus dem Krankenhaus besonders stark zu, sondern diese Erkenntnis lieferte jetzt auch endlich die Erklärung für die Beschwerden nach den Entsäuerungsinfusionen. Unfachmännisch ausgedrückt heißt das, dass durch die Infusionen zwar die „störenden Stoffe" in meinem Körper gelöst wurden, diese jedoch aufgrund der fehlenden Entgiftungsfähigkeit nicht aus meinem Körper abtransportiert werden konnten. Dadurch kam es zu den massiven Problem im Januar. Der verminderte Phase I Metabolismus führt zu einer verminderten Entgiftung der Ausgangsprodukte. Ich erinnerte mich, dass ich in den Jahren 2007 und 2008 ein Medikament zur Unterstützung des Entgiftungsvorgangs eingenommen hatte. Irgendwie hatte ich dieses Präparat vergessen, so dass in den Jahren danach keine weitere Einnahme erfolgte. Womöglich ging ich auch davon aus, dass ich die unterstützende Hilfe dieses Medikaments nur zeitlich befristet benötigte. Ich musste gerade in den Anfangsjahren auf so vieles achten, dass ich manchmal den Überblick verlor. Im Mai 2015 begann ich dann wieder mit der Einnahme dieses Präparats. Es handelt sich dabei um S-Acetylglutathion. Das Glutathion-System gilt als das wichtigste körpereigene Entgiftungssystem.

Neben der Unterstützung der Entgiftung, wurde ein weiterer Fokus auf die Sanierung meines Darms gelegt, dieser war durch die Medikamenteneinnahme stark in Mitleidenschaft gezogen. Mein Arzt stellte mir ein umfangreiches Einnahmeprogramm zusammen wodurch der Darm wieder aufgebaut werden sollte. Als hätte ich nicht schon genug mit meinen ganzen Mirkonährstoffen zu tun, musste ich jetzt noch morgens und abends ein wenig leckeres Pulver anrühren. Ich kam mir vor, wie ein Bodybuilder mit seinen Eiweiß-Shakes, nur dass der Muskelaufbau bei mir nicht einsetzte. Alles zusammen sollte dann in absehbarer Zeit dazu führen, dass ich mich wieder besser fühlte. Ganz so einfach war das aber natürlich nicht.

Ich würde rückblickend sagen, dass ich im ersten Halbjahr 2015 noch weitaus verzweifelter war, als in den Anfangszeiten meiner Krankheit. Zwar wusste ich damals gar nicht, was mit mir los war, was natürlich extrem belastete. Aber die Tatsache, dass ich es jetzt eigentlich wusste und es mir trotzdem so schlecht ging, machte mich besonders hilflos. Zwischenzeitlich wusste ich mir keinen Rat mehr. Es war wie in einem Hamsterrad: ich strampelte, kam aber nicht voran. Das hatte zur Folge, dass ich irgendwann misstrauisch wurde. Ich begann zu zweifeln, ob die bestehende Diagnose wirklich alles war, oder ob ich noch unter einer anderen Krankheit litt. Das war ja völliger

Quatsch, aber ich war so verzweifelt, weil es gar nicht vorwärts ging, dass ich phasenweise meine Rationalität verlor. Im Internet findet man die abenteuerlichsten Krankheiten. Pauschal nach Symptomen zu „googeln" ist aber nicht unbedingt clever und dient mehr der Verunsicherung, als der Beruhigung. So kam es beispielsweise dazu, dass ich kurzfristig den Verdacht hatte, ich könnte unter Fibromyalgie leiden. Ich besorgte mir ein entsprechendes Fachbuch, musste aber nach der Lektüre glücklicherweise feststellen, dass die Krankheit doch nicht auf mich zutraf. Es gab noch vier bis fünf andere Krankheiten, die ich in Verdacht hatte und mir näher anschaute. Manchmal überschnitten sich die Symptome mit den meinen, aber wirklich passend war trotzdem nichts. Zum Glück, möchte ich heute sagen. Es blieb also bei der bisherigen Diagnose.

Nachdem ich das akzeptiert hatte, machte ich mich auf die Suche nach weiteren Behandlungsmethoden. Neben allen Aspekten der Mitochondrientherapie und der regelmäßigen Physiotherapie musste es doch noch eine Möglichkeit geben, den fortwährenden Druck im Kopf zu bekämpfen. Es musste doch ein Medikament geben, dass mir im Falle von Benommenheit und Kopfdruck helfen konnte; „Ibuprofen" war nur bedingt hilfreich. Auf diese Idee wäre ich nach meinem Krankenhauserlebnis und den Nachwirkungen mit Sicherheit nicht mehr gekommen, aber in der Hinsicht noch naiv hatte ich Anfang April einen Termin bei einer Schmerztherapeutin vereinbart. Ausführlich erklärte ich meine Kopfgelenksinstabilität und die damit verbundenen Beschwerden und erkundigte mich, ob es medikamentöse Wege gab, um diese einzudämmen. Schließlich war ich weiterhin von dem Gedanken angetrieben, nicht mehr so viele dienstliche Fehlzeiten zu produzieren. Vielleicht hätte ich in dem Moment gehen sollen, als die Schmerztherapeutin, eine Fachärztin für Anästhesie, begann, die Diagnose meiner Orthopäden zu bagatellisieren. Sie glaubte nicht an ein Problem am Kopfgelenk sondern tippte auf eine Migräne. Einen Zusammenhang zwischen meinen Problemen und dem Kopfgelenksbereich schloss sie aus. Als ich später meiner Physiotherapeutin davon berichtete, konnte diese nur den Kopf schütteln. Unbeirrt von meinen Erklärungen schrieb mir die Schmerztherapeutin verschiedene Präparate gegen Migräne auf, die ich im Falle schwerer Kopfschmerzen probieren sollte. Von schweren Kopfschmerzen war doch gar nicht die Rede gewesen, aber das kannte ich ja schon aus der Vergangenheit: Schubladendenken. Sie äußerte noch den Verdacht, dass ich eine Schädigung an der linken Rotatorenmanschette haben könnte und empfahl ein MRT. Nicht wirklich schlauer, als zuvor und mit einem Rezept voller unnötiger Medikamente verließ ich die Praxis. Als ich dann einige Zeit später die Rechnung bekam, traf mich fast der Schlag. Das lag nicht an der Höhe der Rechnung, sondern vielmehr an der dort aufgeführten Diagnose. Neben einer Migräne hatte die Dame mir eine Angststörung attestiert. Ich überlegte erst, gegen die Rechnung vorzugehen und eine korrigierte Fassung zu verlangen, sah dann aber doch davon ab, da es die Mühe nicht wert war. Mit der Zeit stumpft man ab und gewöhnt sich daran, Dinge unterstellt zu bekommen, nur weil das tatsächliche komplizierte Krankheitsbild nicht verstanden wird bzw. nicht verstanden werden will.

Als sehr belastend in dieser Zeit empfand ich die Tatsache dass man mir meine Krankheit nicht ansah. Personen, die mich gut kennen, sehen, wenn mir übel ist oder der Kopf „unter Druck gerät", aber für alle anderen sehe ich nicht besonders krank aus. Manchmal wäre es besser gewesen eine Krankheit zu haben, die man sieht und die allgemein bekannt und anerkannt ist. Aber das kann man sich nicht aussuchen. Mit Sprüchen wie: „Geht es dir immer noch nicht besser?" oder „Vielleicht hilft bisschen Gymnastik.", muss man leben, so blöd sie auch sind.

Irgendwann im Mai ließ ich dann noch das empfohlene MRT der linken Schulter machen. Ohne Ergebnis. Die Schulter ist in Ordnung. So viel also zu meinem Ausflug in die Schmerztherapie. Fortan hieß es „Back to the roots" und ich kümmerte mich wieder ausschließlich um Kopfgelenksinstabilität und Mitochondropathie.

Ganz, ganz langsam erholte ich mich. Ende Mai 2015 hatte ich die Nachwirkungen der starken Medikamente aus dem Krankenhaus weitgehend verdaut, die Sanierung des Darms zeigte auch erste Erfolge, so dass ich einen neuen Versuch wagen wollte, arbeiten zu gehen. Gemeinsam mit meinem Arzt, erstellte ich einen Plan zur Wiedereingliederung. Zunächst begann ich mit 3 Stunden täglich, später sollten es dann 4 Stunden sein. Trotz der geringen Stundenzahl, kam es weiterhin zu Ausfalltagen oder Tagen, an denen ich mich bereits nach 2 Stunden abholen lassen musste. Ich versuchte es halb/halb, also immer im Wechsel, einen Tag im Büro, einen Tag zu Hause zu arbeiten. Ich hatte mir für meinem Heimarbeitsplatz extra aus eigenen Mitteln einen teuren Bürostuhl gekauft und einen separaten Monitor besorgt und mir so die technischen Möglichkeiten geschaffen möglichst nackenschonend arbeiten zu können. Trotzdem ging es kaum. Mit den steigenden Temperaturen im Sommer wurde es immer schlimmer, meine Beschwerden nahmen erneut zu und ich arbeitete immer öfter von zu Hause. Ich war Dauergast beim Arzt, ließ mich „Quaddeln", also die verkrampften Muskeln mit „Lidocain" behandeln, und bekam regelmäßig Akupunktur, um irgendwie „über die Runden zu kommen". Im Juli 2015 wurde es fast unerträglich. Ich saß zu Hause mit Heißkissen bewaffnet, hatte aber so stark mit Übelkeit zu kämpfen dass ich mich kaum auf die Arbeit konzentrieren konnte. Ich rannte mehr zur

Toilette, als ich arbeiten konnte. Sämtliche Nerven schienen gereizt. Mitte Juli suchte ich abermals das Gespräch mit dem Personalleiter. Ich holte mir das o. k., vorläufig, also bis die Beschwerden nachlassen würden, überwiegend zu Hause arbeiten zu dürfen. Trotzdem zog ich am 28.7.2015 die Reißleine, es ging einfach nicht mehr.

Für diese erneute Verschlechterung meines Zustandes gibt es mehrere Auslöser. Zum einen habe ich in Absprache mit meiner Physiotherapeutin Ende Juni 2015 wieder mit einem leichten Aufbauprogramm begonnen, um meine Nackenmuskulatur zu stärken. Sofort bei Beginn des Trainings traten die alten Probleme wieder auf. Da ich fast ein halbes Jahr keine Übungen gemacht hatte, beschwerte sich mein Körper bereits bei der kleinsten Belastung. Es war nicht ganz so schlimm, wie damals, als ich mit Spaziergängen begann, aber leider noch schlimm genug. Ein zweiter, nicht zu unterschätzender Faktor, waren die Umstände während der Wiedereingliederung. In der gesamten Wiedereingliederungszeit wurde ich völlig alleine gelassen. Es gab keine Nachfrage, wie es mir gehe, oder wie ich mir die Wiedereingliederung vorstelle. Ein Plan wäre sicher gut gewesen, den gab es aber nicht. Ich musste alleine schauen wie ich zurechtkam und die Arbeit erledigt bekam. Ich war mit drei, später 4 Stunden, dafür verantwortlich, die Arbeit von 8 Stunden und zusätzlich den ganzen Rückstand zu bewältigen, das konnte nicht funktionieren. Ich kann mich noch gut an den ersten Tag meiner Wiedereingliederung erinnern. Kurz nach 8:00 Uhr stürmte eine Kollegin in mein Büro mit den Worten: „Ha, gut dass du wieder da bist, ich brauche deine Hilfe." Es wurde keine Rücksicht darauf genommen, wie es mir ging. In dem Moment, in dem ich im Büro saß, war ich komplett für mein Sachgebiet verantwortlich. Mein Arbeitstag bestand während der knappen Zeit von drei bzw. 4 Stunden darin, die Rückstände nach Prioritäten zu sortieren, Anrufer zu vertrösten, und Schadensbegrenzung zu betreiben. Das Paket ist schon in guter körperlicher Verfassung kaum zu bewältigen, geschweige denn in meiner. Ein erneuter Ausfall war vorprogrammiert. Dass es so lange dauern würde, konnte ich jedoch nicht ahnen.

Nachdem ich in den vergangenen Monaten in meiner Hilflosigkeit, nennen wir es mal: „etwas vom Wege abgekommen war", und nach neuen Theorien gesucht hatte, besann ich mich und nahm nochmals Kontakt mit dem Spezialisten in Rostock auf. Seit meinem letzten Besuch dort gab es neue Entwicklungen und so empfahl er mir verschiedene Untersuchungsmethoden, um mein Krankheitsbild zu objektivieren. Zwar sprachen alle Laborergebnisse, das Röntgen nach „Sandberg" und die orthopädische Diagnose aus der Wirbelsäulenfachklinik bereits eine deutliche Sprache, aber es konnte ja nicht schaden, weitere Fachleute zu befragen. Also machte ich mich mal wieder auf die Reise, da die entsprechenden Ärzte in ganz Deutschland verteilt waren.

Simone nach Turniergewinn!

Nach bestandener Prüfung zum 1. Dan (Schwarz-gurt)

Regelmäßige Bewegung ...

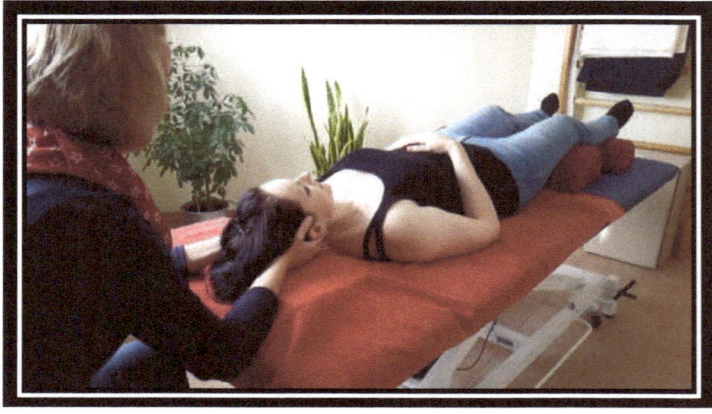

... sowie manuelle Behandlungen sind ein wesentlicher Therapiebestandteil.

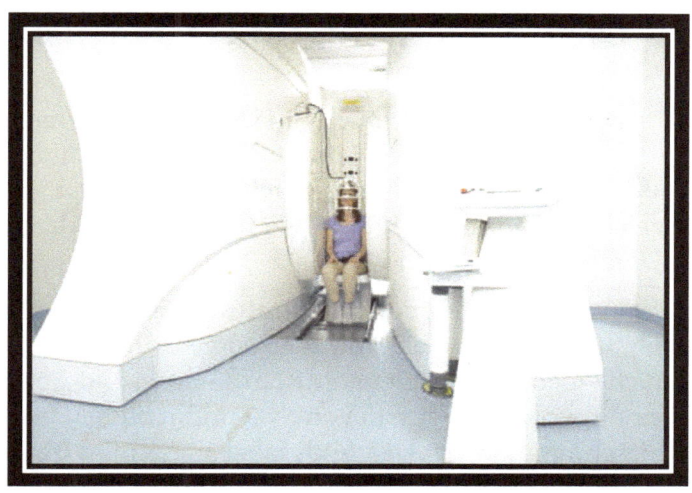

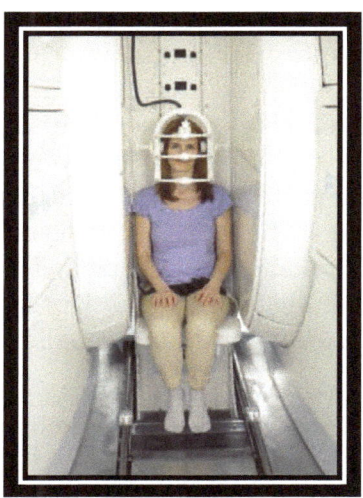

Upright-MRT (www.upright-mrt.de)

Die Upright-Kernspintomographie

Als erstes nahm ich die Durchführung eines sogenannten Upright-MRT in Angriff. „Upright" bedeutet „Aufrecht" und bezeichnet damit auch gleich die Besonderheit dieser Untersuchungsmethode.

Das Besondere an diesem Kernspintomographen ist, dass man während der Untersuchung nicht mehr in einer engen Röhre liegt, sondern in einem vollkommen offenen System im Stehen oder Sitzen untersucht wird und dabei stets einen freien Blick aus dem Gerät heraus hat. Wesentlich an dem Upright-MRT ist, dass nun erstmals eine Kernspintomographie-Untersuchung aufrecht, und damit unter der natürlichen Gewichtsbelastung durchgeführt werden kann. Dies ermöglicht in vielen Fällen eine ergänzende und aussagekräftigere Diagnostik, die so mit konventionellen, ausschließlich liegend durchgeführten Kernspintomographie-Untersuchungen nicht erreicht werden kann. Ob im Stehen oder Sitzen, Liegen oder in Funktionsstellungen, mit der Upright-MRT sind komplette Bewegungsstudien möglich.

Viele krankhafte Veränderungen z. B. an der Wirbelsäule, lassen sich erst im Stehen oder Sitzen nachweisen. Während die Wirbelsäule im Liegen kein Gewicht trägt, lastet im Stehen oder Sitzen das Körpergewicht auf den Bandscheiben. Durch diese Belastungen werden die Bandscheiben stärker komprimiert, können sich somit deutlicher verformen und dadurch den Nervenkanal oder die Neuroforamina (= Öffnungen zwischen den Wirbeln, durch die die Rückenmarksnerven ziehen) einengen. Mit der Upright-Kernspintomographie können diese belastungsabhängigen Veränderungen erstmals genauer dargestellt und nachgewiesen werden. Ferner ermöglicht das Upright-MRT komplette Bewegungsstudien durchzuführen. Die Wirbelsäule zum Beispiel lässt sich unter anderem neben der aufrechten Körperhaltung unter Beugung nach vorne, in Beugung nach hinten und sogar seitlicher Beugung untersuchen. Das Upright- MRT erlaubt eine nahezu uneingeschränkte Bewegungsfreiheit und damit beinahe jede Positionierung des Patienten. So können Patienten genau in der Haltung untersucht werden in der Beschwerden auftreten. Dadurch lassen sich positionsabhängige Pathologien erkennen, die bis dahin nicht sichtbar waren.[17]

Für die bei mir notwendigen Aufnahmen, musste ich an zwei verschiedenen Tagen in die Praxis kommen. An einem Tag wurden Aufnahmen der Halswirbelsäule gemacht, an dem anderen Tag Aufnahmen des Schädels. Im Vorfeld war ich darüber verwundert und ging eigentlich davon aus, dass man beide Aufnahmen an einem Tag erledigen könnte, auch vor dem Hintergrund, dass die Praxis 90 Autominuten entfernt lag. Nach dem ersten Tag war mir aber relativ schnell klar, dass ich im Anschluss nicht direkt eine weitere Untersuchung hinter mich bringen wollte. Die erste Aufnahme dauerte ca. 45 Minuten. Die Atmosphäre war sehr nett, das Personal freundlich und zuvorkommend. Aber die verschiedenen Positionen, in denen ich meinen Kopf halten musste, waren anstrengender als erwartet. Damit ich meinen Kopf während der einzelnen Aufnahmen nicht bewegen konnte wurde er in der jeweiligen Position sozusagen „festgekeilt". Ich habe in der Vergangenheit schon mehrfach Erfahrung mit Kernspintomographien machen müssen, mit herkömmlichen Röhren, als auch in einem offenen Gerät. Das hat mir nie Probleme bereitet. Aber man kann nicht leugnen, dass es laut und eng ist. Insofern war dieses nach vorne hin komplett offene und wesentlich leisere Upright-MRT eine angenehme Erfahrung. Ich hatte nach vorne einen freien Blick auf das Personal und an der Wand hing ein Monitor, so dass ich mich mit den Tagesnachrichten gut ablenken konnte. Das Ganze kann aber leider nicht vollständig darüber hinwegtäuschen, dass mein Kopf zeitweise in merkwürdigen Konstruktionen eingeklemmt war und ich mich ein bisschen fühlte wie Hannibal Lecter in „Das Schweigen der Lämmer".

Für die eine oder andere Aufnahme, wurde der Stuhl auf dem ich saß, hin und her gefahren bzw.

nach hinten gekippt. Ich habe mich gefühlt, wie auf einem Karussell, aber leider auch ein wenig ausgeliefert in dem Moment, als meine Füße den Kontakt zum Boden verloren. Aber insgesamt auf jeden Fall eine riesige Komfortverbesserung im Vergleich zu allen anderen Geräten, die ich kenne. Nach jedem der beiden Aufnahmetage war ich körperlich total erschöpft. Das Einnehmen und Halten starrer Positionen, war wesentlich anstrengender für mich, als erwartet. An den Folgetagen hatte ich auch jeweils mit verstärkten Beschwerden im Kopfgelenksbereich zu kämpfen, aber es hatte sich gelohnt. Als die Aufnahmen der Halswirbelsäule an Tag eins fertig waren wurde ich nervös. Ich weiß noch, dass ich Angst davor hatte, dass man meine Probleme im Kopfgelenksbereich auf den Aufnahmen nicht erkennen kann. Zu oft wurde ich in der Vergangenheit von MRT-Aufnahmen oder Röntgenaufnahmen enttäuscht, als man mir regelmäßig mitteilte, keine Schädigung finden zu können. Aber nachdem die manualtherapeutischen Untersuchungen meiner Orthopäden im Jahr 2008 eine klare Diagnose ergeben hatten, musste dies doch jetzt endlich auch bildlich bestätigt werden. Das Röntgen "nach Sandberg" zeigte zwar auch bereits vorliegende Schädigungen, allerdings waren die Aufnahmen nicht so deutlich, wie es MRT-Bilder in der Regel sind. Bei der Besprechung der Halswirbelsäulen-Aufnahmen, erklärte der Radiologe meinem Mann und mir, was er gefunden hatte: In den Seitneigungen ist der Abstand zwischen Dens axis und den seitlichen Flächen des Atlas (= massa laterales) asymmetrisch Dies tritt verstärkt bei Rechtsneigung auf. Normalerweise sollte der Abstand auch bei Seitneigung symmetrisch bleiben. Dazu habe ich einen fortwährenden schmalen subarachnoidalen Pufferraum in Höhe des kraniozervikalen, also des Hals-Kopf-Überganges.

Hinsichtlich der Asymmetrien bei den Seitneigungen erklärte uns der Radiologe, dass dies auf der noch vorzunehmenden Schädelaufnahme mit Sicherheit noch deutlicher zu sehen sein würde. So war es dann auch. Auch bei den Schädelaufnahmen in Rotationsstellung konnte die funktionelle Dezentrierung des Dens axis nachgewiesen werden, ebenso wie die deutliche Verschmälerung des subarachnoidalen Puffers in Höhe des prominenten ligamentum transversum (= Querband am Atlas). Der Radiologe erklärte uns, dass man aufgrund der Größe des zu erkennenden Spaltes davon ausgehen könne, dass kein Band gerissen, jedoch eine Überdehnung und damit Lockerung festzustellen sei. Aufgrund seiner Erfahrung in vergleichbaren Fällen hatte er für mich drei klare Ansagen: „Sie werden damit leben müssen, es wird immer zu Rückfällen kommen und Sie werden immer trainieren müssen." Ja, das hatte ich leider genauso befürchtet. Aus den mündlichen Erläuterungen und den dazugehörigen radiologischen Berichten, sowie den Erklärungen des rostocker Spezialisten, ergab sich also folgendes Bild: Die zu erkennende Verdickung des Transversalbandes weist auf stattgehabte Traumatisierungen mit Ersatzkollagenen durch minderwertiges Bindegewebe hin. Man sieht also, dass an diesem Band etwas passiert war. Die Instabilität des Dens axis weist ebenfalls auf eine Lockerung der Haltebänder hin. Auch hier muss ein Trauma auslösend gewesen sein. Die Einengung des subarachnoidalen Pufferraumes ist der schwerwiegendste Befund, da es aufgrund dessen bei bestimmten Rotationsbewegungen zu einem Stau des Hirnwassers kommen kann, so dass das Gehirn in eine Hypoxie-Situation (Mangelversorgung mit Sauerstoff) hineingerät. Das kann wiederum zu Schädigungen führen. Diese Veränderungen sind Folgen der kraniozervikalen Instabilität. Mit meinen eigenen Worten ausgedrückt, bedeutet das also: „Ich habe ein Wackelköpfchen."

Da war er also endlich, der bildgebende Nachweis meiner Kopfgelenksinstabilität. Im Ansatz hatte das Röntgen nach „Sandberg" dies ja bereits bestätigt. Eigentlich klingt es total widersinnig, sich darüber zu freuen, dass ein Arzt etwas auf den angefertigten Aufnahmen gefunden hat. Normalerweise sehnt man sich danach, dass bloß nichts gefunden wird. Aber nach den vielen Jahren der verzweifelten Suche, war es für mich eine riesengroße Erleichterung, endlich bestätigt zu bekommen, dass meine Orthopäden mit ihrer Diagnose richtig lagen und mein Gefühl mich nicht getäuscht hatte. Ich hatte immer links unten an meinen Hinterkopf gezeigt, wenn ich versuchte, meinen Problemherd zu lokalisieren. Der Beweis, dass ich damit auf der richtigen Spur war, lag nun vor.

Die neurootologische Untersuchung

Wie empfohlen, stand anschließend eine sogenannte neurootologische Untersuchung auf dem Programm. Unter dem Begriff „Upright-MRT" konnte ich mir ja noch grob etwas vorstellen, aber was in aller Welt war eine neurootologische Untersuchung. Das hatte ich noch nie gehört. Ich versuchte zunächst, mich im Internet schlau zu machen. Auf diese Art bekam ich aber auch nur einen kleinen Einblick in dieses Fachgebiet. Die Begrifflichkeiten waren noch verwirrender, als in den Radiologiebefunden. Daher beschloss ich, das Ganze einfach auf mich zukommen zu lassen und vereinbarte einen Termin bei einem entsprechenden HNO-Arzt.

Der Definition nach ist die Neurootologie das medizinische Spezialgebiet von der gesunden und der krankhaft gestörten Funktion der Kopfsinne, das im Jahr 1970 von Claus-Frenz Claussen an der Freien Universität Berlin gegründet wurde. Die moderne Neurootologie beinhaltet heute vier medizinische Teilgebiete:

1. Gleichgewicht und Gleichgewichtsfunktionsprüfungen (Äquilibriometrie)
2. Gehör und Gehörstörungen (Audiometrie)

3. Geschmack und Geschmacksstörungen (Gustometrie)
4. Geruch und Geruchsstörungen (Olfaktometrie)

In meinem Fall war das besonders interessant, weil bei Beschleunigungsverletzungen vielfach schleichend das sogenannte cervico-encephale Syndrom mit einem schweren Abbau der Sinnesfunktionen unter Hirnleistungsfähigkeit entstehen kann. Dabei kann die Neurootologie eine wichtige Klärung und Objektivierung der Beschwerden herbeiführen.

Die Testverfahren ähneln dem Aufspüren von Fehlern in modernen Computernetzwerken; daher stammt auch die Bezeichnung Netzwerkanalyse.[18]

Die Untersuchungen waren dann auch tatsächlich sehr computergestützt. Mir wurde bereits im Vorfeld mitgeteilt, dass die verschiedenen Tests zwei Tage in Anspruch nehmen würden. Aufgrund des langen Anreiseweges, wurden also mal wieder zwei Übernachtungen im Hotel notwendig. Ich kann es schon gar nicht mehr beziffern, wie viel Geld wir für Reisen und Übernachtungen im Auftrag der Gesundheit in den letzten Jahren ausgegeben haben. Aber ähnlich wie beim Upright-MRT, sollte sich auch dieser Weg lohnen. Im Unterschied zu allen vorangegangenen Untersuchungen, musste ich dieses Mal keinen Anamnese-

Fragebogen ausfüllen. Das ist gerade vor dem Hintergrund sehr spannend, dass die verschiedenen Tests völlig unvoreingenommen und ohne Kenntnis meiner genauen Beschwerden durchgeführt wurden. Umso verblüffender war nachher das Ergebnis. Am ersten Tag durchlief ich unzählige Test-Stationen. Es gab den klassischen Hörtest, wo man mit aufgesetzten Kopfhörern auf bestimmte Töne reagieren muss. Dann wurden meine Ohren untersucht und Reflexe, sowie Mittelohrverhältnisse betrachtet. Bis dahin, kein Problem, wie sich später auch bei der Auswertung zeigte.

Dann begann die Dame, welche die Testungen mit mir durchführte, mich an Kopf und Nacken mit einem grauen Kontaktmittel zu bestreichen, worauf dann Kontaktplättchen gesetzt wurden, die mit dem PC verbunden waren. Neugierig, wie ich bin, wollte ich natürlich alles Mögliche darüber wissen. Ich erhielt aber immer nur Auskunft darüber, was ich bei den jeweiligen Tests machen sollte, was genau getestet wurde, erfuhr ich nicht. Der Hintergrund wurde mir nach einer Weile klar: ich sollte jeden Test möglichst unbeeinflusst machen, ohne mich zu bemühen, bestimmte Anforderungen zu erfüllen oder bestimmte Ergebnisse zu erzielen. Bei diesem ersten Test mit Kontaktmitteleinsatz musste ich meinen Kopf gegen einen Wiederstand drehen. Dabei wurde verschiedene Messdaten erhoben. Außer der Tatsache, dass das Kontaktmittel kalt und später bröckelig war, kann ich dazu eigentlich gar nichts sagen. Über das Resultat wurde ich im Unklaren gelassen. Damit kann ich ja so gar nicht umgehen. Wer mich kennt, der weiß, Gelassenheit und Geduld gehören nicht gerade zu meinen herausragenden Tugenden. Aber da es gleich weiter ging zum nächsten Test, blieb ohnehin keine Zeit für Erklärungen. So unspektakulär der Test in seiner Ausführung eigentlich war, so sehr überraschte mich aber das, was ich daraus machte. Ich musste zunächst mit geschlossenen Augen und dicht nebeneinander stehenden Füßen ruhig stehen (sog. „Rombergsche Stehversuch" zur Untersuchung von Störungen des Gleichgewichtssinns). Das verursachte ein stark schwankendes Gefühl und ich war froh, die Augen wieder öffnen zu dürfen. So eng zu stehen, finde ich ja schon mit offenen Augen unangenehm. Danach musste ich beim sog. „Unterberger Tretversuch" mit geschlossenen Augen und nach vorne ausgestreckten Armen auf der Stelle treten. Dieser Test dient der Überprüfung der Reflexbahnen zwischen den Gleichgewichtszentren im Gehirn und dem Rückenmark. Nach einer Weile rief die Praxismitarbeiterin energisch „stopp". Als ich die Augen öffnete, erschrak ich. Ich stand nicht mehr auf der gleichen Stelle, sondern war – ohne es zu merken – schräg nach vorne rechts durch den halben Raum gewandert. Es ist ein komisches Gefühl, wenn man sich unbewusst in eine Richtung bewegt hat. Dass mein Gleichgewicht nicht in Ordnung war, hatte ich natürlich bereits gemerkt, aber wenn man das so unvermittelt vorgeführt bekommt, ist das noch mal etwas anderes.

Für den nächsten Test musste ich erst mal mein Augen-Make-up entfernen. Hätte ich das bloß vorher gewusst. Das zur Verfügung stehende Mittel war nicht besonders effektiv, so dass ich anschließend aussah, als hätte ich nächtelang nicht geschlafen, tiefe schwarze Schatten lagen unter meinen Augen. Aber die für den Test wesentlichen Stellen war gereinigt, also konnte es losgehen. Ich bekam eine sogenannte „Frenzelbrille" aufgesetzt. Bei der „Frenzelbrille" handelt es sich um ein Untersuchungsinstrument, das dazu dient, spontane oder provozierte Augenbewegungen (Nystagmen) bei Patienten mit Störungen des Gleichgewichtssinnes zu beobachten. Sie gehört zur Gleichgewichtsdiagnostik (Vestibularis-Diagnostik) dazu.[19] Die stark brechenden Linsen ermöglichen eine genaue Beobachtung der Augenbewegungen, während eine von unten oder der Seite einstrahlende Beleuchtung durch die resultierende Blendung jegliche Fixationsmöglichkeit des Untersuchten ausschaltet.[20] Auf einem Bildschirm erschienen dann verschiedenen Muster, welchen ich mit den Augen folgen sollte. Sie müssen sich das so vorstellen, als würden Sie das Testbild eines alten Fernsehers betrachten. Schwarzweiße Balken fuhren in unterschiedlicher Geschwindigkeit an meinen Augen vorbei. So ging das eine ganze Weile. Ich hatte währenddessen etwas die Orientierung verloren, es fühlte sich an, als kämen die Bilder direkt aus der Brille. Erst als ich von dieser befreit wurde und den noch angeschalteten Bildschirm sah, konnte ich mich wieder richtig orientieren. Schon ein wenig unheimlich.

Zwischenzeitlich war ich auch etwas müde geworden, die Tests dauerten schon eine ganze Weile. Bei der Ankündigung des nun folgenden Versuchs war ich aber blitzschnell wieder wach. Mir wurde erklärt, dass im Rahmen eine sogenannten „kalorischen Vestibularisprüfung" kaltes und warmes Wasser in meine Ohren geleitet werden muss. Allein bei dem Gedanken lief mir ein Schauer über den Rücken. Die wirklich verständnisvolle Praxismitarbeiterin versuchte noch mich davon zu überzeugen, dass das gar nicht schlimm sei, doch ohne Erfolg. Darauf wollte ich mich wirklich nicht einlassen. Ich hatte Angst und blieb stur. Die Gesamtauswertung musste halt ohne diesen Test erfolgen, das würde schon kein Problem sein, redete ich mir ein.

Also ging es weiter zur nächsten Station. Ich musste auf einem elektrisch angetriebenen Stuhl Platz nehmen, bekam eine Kappe auf und wurde wieder mit Kontaktmittel und Elektroden ausgestattet. Das kannte ich im Prinzip bereits von meinem damaligen EEG beim Neurologen. Aber anstelle der grauen Substanz, die zum Herstellen der Kontakte verwendet wurde, gab es dieses Mal eine gelartige Flüssigkeit. Überall auf meinem Kopf klebte es. Als die Kappe später wieder runter war, sah ich aus, als wollte ich den Wet-Hair-Look der 90er Jahre wieder aufleben lassen. Jede Boygroup wäre neidig auf den Glanz in meinen Haaren gewesen. Der Test als solches war aber nicht schlimm. Während der Aufzeichnungen bewegte sich der Stuhl in kleinen ruckenden Pendelbewegungen mal nach rechts, mal nach links. Das war zwar nicht besonders förderlich für mein Kopfgelenk, aber die Beschwerden kamen erst später, so dass ich Tag eins halbwegs wohlbehalten zu Ende bringen konnte. An meiner optischen Erscheinung gab es allerdings nichts mehr zu retten. Das Gesicht meines Mannes sprach Bände, als er mich mit meinem gegelten Zopf und den schwarzgeränderten Augen sah. Nach über drei Stunden Tests wollten wir eigentlich etwas Essen gehen, aber dank der Umstände, blieb uns nur der Drive-In des örtlichen Fastfood-Anbieters. Irgendwie schaffte ich es noch, meine Haare zu waschen, bis ich total erschöpft einschlief.

Am nächsten Tag ging es weiter. Wohlweißlich hatte ich mein Make-up deutlich sparsamer verwendet, da mir später kein Hotelzimmer mehr zur Verfügung stehen würde, um kosmetische Korrekturen vorzunehmen. So wie ich aus der Praxis kommen würde, müsste ich auch den Heimweg antreten. Gleich bei der Vorbreitung des ersten Tests an Tag zwei wurde mir bewusst, dass ich mir diese Überlegung hätte sparen können. Mein Make-up war völlig unerheblich, dafür wurde ich aber wieder mit Kontaktmittel und Kontaktplättchen ausgestattet. Na toll. Aber zumindest nicht wieder mit dem Gel, sondern nur mit der grauen Paste. Es folgten verschiedene Messungen, deren Bedeutung mir wieder schleierhaft blieb. Zwischenzeitlich wurde noch mal ein Versuch unternommen, mich zu der besagten Untersuchung mit Wasser im Ohr zu überzeugen. Aber keine Chance, freiwillig würde ich das bestimmt nicht tun. Da ich in der Vergangenheit immer besonders unkalkulierbar auf äußere Einflüsse reagiert hatte, fürchtete ich mich schlicht und ergreifend davor, was dieser Test bei mir auslösen würde. Ich war 400 Kilometer von zu Hause entfernt und hatte Angst vor der Heimfahrt, sollte ich den Test nicht vertragen. Das wurde dann zum Glück auch so akzeptiert.

Und dann kam der Höhepunkt der beiden Tage: der Drehstuhl. Wieder mit einer Spezialbrille bestückt saß ich recht steif auf einem elektrisch angetriebenen Stuhl. Die Praxismitarbeiterin teilte mir vorab mit, ich könne den Test jederzeit abbrechen, wenn es zu schlimm würde. Beruhigend, oder? Dann setzte sich der Stuhl in Bewegung. Völlig orientierungslos aufgrund der Brille, war ich der Drehbewegung ausgesetzt. Sehr schnell merkte ich, dass das kein gutes Ende nehmen würde. Aber ich versuchte, noch etwas länger durchzuhalten, damit es genügend Messwerte gab.

Neben der Orientierung hatte ich auch jegliches Zeitgefühl verloren und keine Vorstellung davon, wie oft der Stuhl sich gedreht hatte. Was ich aber deutlich merkte, war das Gefühl, die Kontrolle über meinen Körper komplett zu verlieren. Ich rief: „Stopp, es geht nicht mehr." Der Stuhl hielt an und mir wurde die Brille abgenommen. In mir und um mich herum drehte sich alles. Ich schlug erst mal die Hände vor die Augen. Ganz vorsichtig versuchte ich durch einen Spalt zwischen meinen Fingern zu schauen. Der Raum drehte sich nicht mehr, aber mir war furchtbar elend. Jetzt wusste ich wieder, weshalb ich keine Achterbahnen mag. Zum Glück war das der letzte Test, mehr wäre an dem Tag nicht mehr drin gewesen. Torkelnd und mit zitterigen Beinen stieg ich von dem Drehstuhl. Ich war heilfroh, dass ich lange genug durchgehalten hatten, so dass genug Daten erfasst werden konnten. Noch mal hätte ich mich nicht auf diese „Höllenmaschine" gesetzt.

Bis zu meinem Besprechungstermin mit dem Arzt, waren noch fast zwei Stunden Zeit. Ich brauchte dringend frische Luft. Mein Mann und ich besorgten uns beim nächstgelegenen Bäcker einen Kaffee und setzen uns damit auf die Bank gegenüber der Praxis. Mir war immer noch elend, insgesamt bestimmt eine Stunde lang. Der Drehstuhl hatte echt einen bleibenden Eindruck hinterlassen. Dazu noch diese Ungewissheit, da ich noch immer nicht wusste, was die Test ergeben hatte. So saß ich also reichlich mitgenommen neben meinem Mann auf der Bank und fragte mich, was diese zwei Tage Tests eigentlich sollten.

Das nachfolgende Gespräch mit dem HNO-Arzt brachte dann aber erstaunliche Erkenntnisse. Der Arzt, der keinerlei Informationen über meine gesundheitlichen Beschwerden hatte, las in unserem Beisein die Aufzeichnungen der einzelnen Testergebnisse und leitete daraus die Beschwerden ab, die ich haben müsste. Es war verblüffend, er lag absolut richtig. Die Funktionsstörungen meiner Kopfsinne konnte er aufgrund der Testresultate ableiten und auch die Einschränkungen, mit denen ich zu kämpfen hatte, zählte er auf. So nannte er beispielsweise die Benommenheit im Kopf, Schwierigkeiten bei der Konzentrationsfähigkeit und Probleme mit den Augen. Längst hatte ich keine Zweifel mehr an den Untersuchungen; dass sie sinnvoll waren, ließ sich nicht mehr leugnen. Aber mein persönliches Verblüffungs-Highlight kam erst noch. „Das Ganze spielt sich bei Ihnen überwiegend links ab.", erklärte er mir. Es wäre mir niemals in den Sinn gekommen, dass die verschiedenen Testverfahren meine linksseitige Schädigung so deutlich zum Vorschein bringen würden. Die Schlussfolgerungen aus den Testresultaten trafen genau ins Schwarze.

Die Diagnose lautete im Einzelnen:

Frühe akustisch evozierte Potentiale: *Beidseitig Auffälligkeiten mit Verlängerung der Wellenkomplexe beidseitig. Damit Hinweis auf Störungen im Bereich des Hirnstamms.*

Späte akustisch evozierte Potentiale: *Es zeigten sich beidseitig Amplitudenreduktionen des P300-Komplexes und deutliche Zeitunterschiede zwischen rechts und links. Die Störung liegt im Hippocampusbereich. Klinische Hinweise sind Nachlassen der Konzentrationsfähigkeit, Wortfindungsstörungen, rasche Ermüdbarkeit. Akustische Signale müssen nach der Latenz von 300 Millisekunden in der Hirnrinde, Hörrinde angelangt sein. Bei Amplitudenreduktion oder auch Verlängerung der Potentiale, Hinweis auf diese Störung. Der Patient hört Signale, versteht sie aber zu spät.*

Kognitive Potenziale: *die Auffälligkeit des P300-Komplexes zeigt sich auch bei den kognitiven Potenzialen. Diese Veränderung wird auch gehäuft nach funktionellen Schäden im Bereich des kranio-zervikalen Übergangs bei der cervico-enzephalen Symptomatik beobachtet.*

Aufzeichnung des zervikalen Nystagmus: *bei Drehung des Rumpfes gegen den fixierten Kopf deutlich pathologische Nystagmen als Beweis für das Vorliegen einer Schädigung im propriozeptiven Bereich der oberen Halswirbelsäule mit aus Auslösbarkeit eines vertebragenen Schwindels.*

Die optokinetischen Prüfungen sind teilweise hochpathologisch, so dass eine okulomotorische Schädigung vorliegt, Lokalisation ist ebenfalls der Hirnstamm.

Die Brainmapping-Aufzeichnungen zeigen pathologische EEG-Veränderungen, insbesondere linksseitig.

Zusammenfassend liegt ein cervico-enzephales Syndrom vor, neurootologisch objektivierbar durch die Störung im Bereich der Okulomotorik, aber auch der Stammhirnpotentiale, sowie des Hippokampusgebietes (P300).

Nach dem Upright-MRT, belegte nun also auch die neurootologische Untersuchung, dass ich eine Schädigung im Bereich des kranio-zervikalen Überganges habe. Mir war zwar klar, dass ich mir das all die Jahre nicht eingebildet hatte, die Beschwerden sprachen ja auch eine klare Sprache, ebenso die Diagnose der Orthopäden und die Behandlungsresultate, aber es fühlte sich trotzdem gut an, nun auch computergestützte Nachweise zu haben.

Der Hirnleistungstest

Wie heißt es so schön: „Aller guten Dinge sind drei". Getreu dieses Spruches nahm ich nach Upright-MRT und neurootologischer Untersuchung noch eine dritte Möglichkeit wahr, um mein Krankheitsbild zu objektivieren. Mittels einer neuropsychologischen Untersuchung bei einem Psychologen sollte meine prämorbide und morbide Intelligenz erfasst werden. Aufmerksamkeitsbelastungsfähigkeit, sowie Kurz- und Langzeitgedächtnis gehörten auch zu einem solchen Test. Das war einfacher gesagt, als getan. Ich fragte bei verschiedenen Unikliniken an, wurde aber entweder an eine andere Stelle verwiesen oder erhielt gar keine Antwort. Bei niedergelassenen Psychologen rannte ich auch nicht gerade offene Türen ein. Warum das so ein Problem war, hat sich mir bis heute nicht erschlossen. Vielleicht ist es nicht gängig, die entsprechende Testbatterie und die technische Ausstattung vorzuhalten. Letztlich wurde ich aber doch noch fündig und erhielt einen Termin in einer Spezialklinik für Psychiatrie, Psychotherapie und Neurologie. Waren Sie schon mal in einer solchen Einrichtung? Ich bislang nicht. Die Büroräume des Psychologen, der die Testung bei mir durchführen sollte, lagen ausgerechnet im geschlossenen Bereich dieser Klinik. Vor und hinter mir wurden die Türen auf- bzw.

zugeschlossen. Das hinterließ ein merkwürdiges und leicht beklemmendes Gefühl.

Was ein Glück, dass ich im Vorfeld nicht wusste, worauf ich mich da eingelassen hatte. Mich erwarteten über einen Zeitraum von etwas mehr als zwei Stunden verschiedenste Aufgaben, Wissenstest, mathematische Fragen, Gedächtnisübungen und vieles mehr. Wir starteten mit reinen Wissensfragen. Jetzt weiß ich, wie man sich bei „Wer wird Millionär" fühlen muss. Bei den einfachsten Fragen zweifelt man plötzlich an der Antwort. Dinge, die man selbstverständlich weiß, erscheinen auf einmal gar nicht mehr so klar. Eine der ersten Fragen, die mir gestellt wurden lautete: „Wie sind die Farben der Deutschen Fahne?" Ist doch klar, „Schwarz, rot, gold" antwortete ich. Aber in dem Moment, als ich es aussprach, war ich mir der Antwort nicht mehr sicher. Kurios, oder? Insgesamt lief dieser Test aber gar nicht so schlecht. Danach wurde es schlimmer. Ich musste mathematische Aufgaben im Kopf lösen. Prozentrechnen, Dreisatz und dergleichen. Abitur hin oder her, aber Zahlen waren wirklich nie mein Steckenpferd. Entsprechend aufgeregt wippte ich auf dem Stuhl hin und her und war froh, als es zur nächsten Aufgabe ging. Ich musste Zahlenreihen vorwärts und rückwärts wiederholen, unförmige Puzzleteile schnellstmöglich zu einem Bild zusammensetzen und Bildergeschichten in den zeitlich korrekten Ablauf bringen. Das war eigentlich ganz interessant, so dass sich nach und nach die Aufregung etwas legte und die Angst sich zu blamieren nachließ.

Ein bisschen blamiert habe ich mich dann aber doch. Mir wurden Bilder vorgelegt und ich sollte herausfinden, was auf diesen Bildern fehlte. Zum Beispiel gab es auf einem Bild einen Mann mit Hund und nur der Mann warf einen Schatten. Richtige Antwort war somit der fehlende Schatten des Hundes. Die Logik des Tests war klar, die Antwortmöglichkeiten aber nicht immer eindeutig, wie ich leider feststellen musste. Auf einem der Bilder war ein Auto abgebildet. „Der Fahrer fehlt", mutmaßte ich zuerst. Als keine Reaktion kam, unternahm ich einen zweiten Versuch: „Das Auto hat keinen Auspuff." „Denken Sie nicht so kompliziert", war die Antwort des Psychologen. Ich betrachtete mir das Bild noch mal eingehend und antwortete dann: „Das Chassis des Autos hängt viel zu tief, so kann es gar nicht fahren." Ich fand die Antwort klasse, sie war aber nicht richtig. Besser gesagt, es ging um etwas anderes. Die totale Blamage noch abwendend stellte ich glücklicherweise noch fest, dass die Autotür keinen Griff hatte. Aber mal ganz ehrlich, wenn es nur darum ging, was auf dem Bild fehlte, waren doch alle meine Antworten richtig. Das Gesicht des Psychologen sagte jedoch etwas anderes. In dem Moment hatte ich kurzfristig die Befürchtung, er hätte einen bedenklichen Vermerk hinter diesen Test gemacht.

Die Auswertung enthielt aber zum Glück nichts dergleichen. In meinem Freundeskreis führte diese Geschichte zu einer Menge Erheiterung. Klar, die saßen ja auch nicht peinlich berührt vor diesen Bilderkarten. Aber ich erhielt auch tollen Zuspruch in der Art, dass es heute auch Autos gibt, die gar keinen Türgriff mehr haben. Na also.

Weiter ging es mit einem Gedächtnistest. Mir wurden 15 Wörter vorgelesen, die ich anschließend wiederholen sollte. Das Ganze machten wir fünfmal. Später kamen zur Verwirrung noch weitere Wörter hinzu. Etwa eine halbe Stunde später sollte ich noch mal aufsagen, welche Begriffe ich behalten hatte. Erschreckenderweise funktionierte das nicht besonders gut. Ich versuchte mir „Eselsbrücken" zu bauen, aber trotzdem hatte ich bei der Wiederholung keine hohe Trefferquote. Dass mir das Probleme bereiten würde, hätte ich nicht gedacht. Auf die Auswertung war ich gespannt. Anschließend folgten verschiedene Tests am Computer. Ich musste auf Tonsignale reagieren oder auf Bildschirmsymbole, manchmal auf beides gleichzeitig. Ein weiterer Test forderte das Sortieren von Symbolen nach einem bestimmten System. Gegen Ende der Tests wurde ich immer müder, meine Augen taten weh und an Konzentration war nicht mehr zu denken. Ich merkte, dass ich mit immer größerer Zeitverzögerung reagierte. Auf der Heimfahrt war ich erschöpft und kurz vorm Einschlafen.

Das Aufrechthalten der Konzentration über so einen langen Zeitraum hatte viel Kraft gekostet. Insgesamt hatte ich etwa eine Woche mit den Nachwirkungen zu kämpfen, u.a. auch wegen der ungünstigen Körperhaltung während der computergestützten Tests. Die Auswertung erhielt ich einige Zeit später.

Um die Ergebnisse der Auswertung der neuropsychologischen Untersuchung einordnen zu können, benötigt man erst einmal grundsätzliche Informationen zu dieser Thematik. Dazu habe ich zwei passende Aufsätze gefunden, aus denen ich zitieren möchte:

Was ist Aufmerksamkeit? Man konzentriert sich auf etwas, man ist aufmerksam. Diese Wörter sind in unserem allgemeinen Sprachgebrauch vorhanden. Meistens ist damit gemeint, man wendet sich einer Sache zu und bearbeitet diese, ohne sich von anderen Dingen ablenken zu lassen. Aufmerksamkeit ist eine der wichtigsten Basisleistungen des Gehirns, denn sie ist unerlässlich. Aufmerksam sein muss man jeden Tag für mehrere Stunden, ob auf der Arbeit, beim Autofahren oder im Haushalt. Doch es gibt nicht nur diese eine Aufmerksamkeit, sondern verschiedene Arten der Aufmerksamkeit.

Zunächst kann man die Aufmerksamkeit in zwei große Gruppen einteilen: die Aufmerksamkeitsselektivität und die Aufmerksamkeitsintensität. Die Aufmerksamkeitsselektivität beschäftigt sich damit, ob man sich nur auf eine Sache oder auf mehrere Dinge gleichzeitig konzentriert. Die Aufmerksamkeitsintensität bezieht sich auf die Frage, wie stark und wie lange man sich konzentriert. Unter diesen beiden Oberbegriffen finden sich jeweils drei Arten der Aufmerksamkeit.

Aufmerksamkeitsselektivität

1. selektive/fokussierte Aufmerksamkeit

die selektive oder auch fokussierte Aufmerksamkeit bezeichnet die Fähigkeit, die Aufmerksamkeit auf eine Sache zu richten und alles andere drumherum auszublenden. Oft wird diese Art der Aufmerksamkeitsselektivität mit einem Scheinwerfer verglichen. Dieser scheint auf eine bestimmte Sache und nur diese wird näher betrachtet, alles andere bleibt im Dunkeln und wird ausgeblendet. Besteht nach einer Hirnschädigung eine Störung der selektiven Aufmerksamkeit, kommt es oft dazu, dass Reaktionen nicht unterdrückt werden können. So schweifen die Gedanken oft ab und können nicht kontrolliert werden, wenn eigentlich eine andere Aufgabe bearbeitet werden soll. Weiterhin sind die betroffenen Personen meist leicht ablenkbar. Lärm wird zum Beispiel als viel störender empfunden als zuvor.

2. geteilte Aufmerksamkeit

Als zweite Art der Aufmerksamkeitsselektivität lässt sich die geteilte Aufmerksamkeit nennen. Darunter versteht man die Fähigkeit, zwei oder mehrere Dinge gleichzeitig zu beachten und darauf zu reagieren. Als gutes Beispiel lässt sich hier das Autofahren nennen. Dabei muss man auf den Verkehr achten, Gas geben, lenken und manchmal auch Radio hören oder mit dem Beifahrer reden. Dies erfordert ein hohes Maß an geteilter Aufmerksamkeit. Bei einer Störung der geteilten Aufmerksamkeit, kommt es oft dazu, dass zwei Dinge nicht mehr auf einmal durchgeführt werden können. Das kann in schweren Fällen auch das gleichzeitige Gehen und Sprechen sein.

Als dritten Punkt gibt es auch noch die visuellräumliche Aufmerksamkeit, die ich hier jedoch vernachlässigen möchte.

Aufmerksamkeitsintensität

Die Aufmerksamkeitsintensität untergliedert sich in drei verschiedene Bereiche: die Aktiviertheit, die Informationsverarbeitungsgeschwindigkeit und die Daueraufmerksamkeit.

Zusammenfassend lässt sich sagen, dass die Hauptprobleme von Menschen mit Störungen der Aufmerksamkeit die allgemeine Verlangsamung, die erhöhte Ablenkbarkeit und eine schnelle Ermüdbarkeit sind. Weiterhin führt eine Aufmerksamkeitsstörung meist auch zu Problemen anderer Hirnleistungen wie zum Beispiel dem Gedächtnis oder der Handlungsplanung. Kann man keine Aufmerksamkeit auf die Sache richten, die man sich merken möchte, so kann diese auch nicht in das Gedächtnis eingespeichert werden. Gleiches gilt bei der Planung von Handlungen. Dies zeigt deutlich, dass die Aufmerksamkeit eine Basisleistung ist, die Grundlage vieler anderer Leistungen unseres Gehirns ist. [21]

Einteilung des Gedächtnisses

Das Gedächtnis kann chronologisch oder funktional untergliedert werden.

Bei der chronologischen Gliederung wird gezeigt, welche Stufen eine Information aus der Umwelt durchläuft, bis sie so gespeichert ist, dass man längerfristig auf sie zurückgreifen kann. Eine Information verläuft vom sensorischen Gedächtnis (dieses speichert im wesentlichen Sinneseindrücke) zum Kurzzeitgedächtnis/Arbeitsgedächtnis und kann im Langzeitgedächtnis gespeichert werden. Ob eine Information gespeichert wird hängt von mehreren Faktoren ab, wie der Aufmerksamkeit oder der Wichtigkeit der Information.

Bei der funktionalen Gliederung des Gedächtnisses liegt der Fokus auf der Art der Information, die im Langzeitgedächtnis, also am Ende der chronologischen Gliederung gespeichert wird. Anders gesagt: die chronologische Gliederung beschreibt den Weg der Information bis zur Langzeitspeicherung, die funktionale Gliederung die Art der Information, die im Langzeitgedächtnis gespeichert wird. Mit Art ist hierbei gemeint, ob es autobiografische Informationen, Faktenwissen oder Fertigkeiten sind.

Wie entstehen Erinnerungen?

Bei der Bildung von Erinnerungen unterscheidet man zwischen drei wichtigen Prozessen: Enkodierung, Speicherung/Konsolidierung und Abruf.

Die Enkodierung ist die Übersetzung der Informationen aus der Außenwelt (oder des Körpers) in einen neuronalen Code, so dass das Gehirn diese Informationen lesen kann. Darunter wird auch verstanden, dass die Information im Gedächtnis repräsentiert, aber noch nicht dauerhaft gespeichert ist.

Unter Konsolidierung versteht man Prozesse im Gehirn, die zu einer dauerhaften Speicherung von Informationen führen. Dabei werden die Verbindungen zwischen den Nervenzellen die die zu einer Episode gehörenden Informationen verarbeiten, verstärkt. Dadurch bilden sich Netzwerke von Nervenzellen aus, welche die zu einer Erinnerung gehörenden Informationen gespeichert haben. Wenn wir beispielsweise Vokabeln lernen und diese nach 1 Stunde und am darauffolgenden Tag wiederholen, so werden die Verbindungen zwischen den Nervenzellen die für die Verarbeitung dieser Information zuständig sind, verstärkt. Werden ähnliche Informationen hinzugefügt, so werden Netzwerke zwischen den dazugehörigen Nervenzellen geknüpft Bei der Konsolidierungsphase handelt es sich um ein Zeitintervall, in dem neue Erinnerungen ungeschützt sind und leicht verloren gehen können. Weiter zurückrückliegende Erinnerungen sind relativ stabil und schwer zu beeinträchtigen, neuere Erinnerungen sind anfälliger für Störungen. Dies kann man auch bei Gedächtnisbeeinträchtigungen nach Schädel-Hirn-Verletzungen sehen, da zumeist einige Stunden vor der Verletzung nicht mehr erinnert werden können.

Der Abruf von gespeicherten Informationen aus dem Gedächtnis kann bewusst oder unbewusst geschehen - wird man nach der Hauptstadt von Frankreich gefragt und antwortet „Paris", so ist das ein bewusster Abruf. Kommt man jedoch auf einen Hinweisreiz wie ein Bild des Eiffelturms auf den Gedanken an Paris, so ist das ein unbewusster Abruf. Die Verknüpfung zwischen dem Bild des Eiffelturms und der Hauptstadt von Frankreich ist anscheinend sehr stark. Diese Phasen der Erinnerungsbildung werden von einigen Faktoren beeinflusst. Enkodierungsprozesse beeinflussen den Behaltenserfolg und den Abruf von gelernter Information. Informationen werden besser gespeichert, wenn sie bedeutungsvoll sind. Wenn wir ein Wort, welches gelernt werden soll, in eine Geschichte einbetten, so kann es später besser abgerufen werden. Außerdem hilft es, neue Informationen mit bereits gelerntem Wissen zu verknüpfen, um es leichter abrufen zu können. Vor allem wenn man es mit selbstbezogenem Wissen verknüpft oder über die Bedeutung der zu lernenden Informationen nachdenkt, ist dies effektiver, als stumpfes Wiederholen. Weiterhin verbessert sich der Abruf, wenn die Rahmenbedingungen beim Lernen dieselben sind wie beim Abruf. Dies trifft sowohl für den physikalischen Kontext wie die Umgebung oder die Körperposition zu, als auch für die Erscheinungsform der Informationen (Wörter, Bilder, anderes). Dieses Phänomen nennt man Enkodierspezifität.[22]

So viel zur Theorie. Was ergab also meine Testauswertung? Die gute Nachricht zuerst: ich bin nicht dumm, angeblich bin ich sogar recht schlau. Fachmännisch ausgedrückt heißt das: „überdurchschnittliche prämorbide Intelligenz". Klingt gut, täuscht aber leider nicht darüber hinweg, dass der Test auch deutliche Defizite zum Vorschein brachte. Mir war selber bereits aufgefallen, dass ich

Probleme habe, mich über einen längeren Zeitraum zu konzentrieren. Den Fokus auf einen oder mehrere Gesprächspartner zu legen zum Beispiel, fällt mir nach ca. zwei Stunden sehr schwer. Dann macht der Kopf zu und ich nehme das Gespräch nur noch durch einen Grauschleier wahr. In diesen Situationen bleibt mir dann nur die Möglichkeit, eine längere Pause einzulegen, um wieder neue Kräfte zu sammeln. Dennoch war ich überrascht, dass der Test das auch genauso zum Vorschein brachte.

Im Einzelnen wurden bei mir Einschränkungen in den folgenden neuropsychologischen Funktionsbereichen festgestellt:

a) *Verbale Lern- und Gedächtnisleistungen in Form einer Konsolidierungsstörung und*

b) *Aufmerksamkeit in Form einer Verlangsamung und Defiziten in der Konstanz der Leistungen im Bereich der selektiven Aufmerksamkeit und in Form von Defiziten in der Güte der Leistungen im Bereich der geteilten Aufmerksamkeit*

Das musste ich erst mal verdauen. Wie gesagt, die Konzentrationsprobleme, die hier unter dem Stichwort „Aufmerksamkeit" behandelt wurden, waren mir schon bekannt, aber Defizite bei der selektiven und geteilten Aufmerksamkeit hörte ich trotzdem nicht gerne. Je länger ich darüber nachdachte, musste ich mir aber die Richtigkeit des Ergebnisses eingestehen. Insbesondere zu dem Schwerpunkt „geteilte Aufmerksamkeit" fiel mir etwas ein, das sich fast eins zu eins mit einem der zuvor geschilderten Beispiele deckt: Wenn ich mit meiner Mutter im Auto unterwegs bin und selber fahre, unterhalten wir uns über alles mögliche, wie Frauen das halt so machen. Dann passiert es eigentlich regelmäßig, dass meine Mutter meckert: „Schwätz nicht so viel, fahr lieber." Mal ganz abgesehen davon, dass sie mindestens genauso viel spricht, wie ich, hat sie in der Situation aber Recht, mich zu ermahnen. Unmerklich werde ich während der Unterhaltung immer langsamer, bis ich manchmal nur noch mit Tempo 25 fahre. Ich merke das selber gar nicht. „Gut, dass du beim Fahren kein Hörbuch hörst, du müsstest ja auf dem Seitenstreifen anhalten", war die spaßige Erkenntnis meines Mannes zu diesem Thema. Wie heißt es so schön. „Wer den Schaden hat....". Aber besser so, als anders. In all den Jahren hat sich gezeigt, dass es besser ist, nicht den Humor zu verlieren.

Neben den Defiziten bei der Aufmerksamkeit, förderte der Test bei mir auch eine Konsolidierungsstörung bei verbalem Lernmaterial zu Tage. Im Gegensatz zur Aufmerksamkeitsdefiziten erstaunte mich dieses Ergebnis doch sehr. In der

Hinsicht waren mir bislang keine Einschränkungen aufgefallen, zumindest nicht bis zu dem Test. Wie schon beschrieben, merkte ich bei dem Wörterwiederholungstest, dass meine Trefferquote sehr gering war und ich mich mit dem Abrufen des Gehörten schwer tat. Wenn ich mir die Definition von „Konsolidierung" anschaue, liegt mein Problem also darin, neue Inhalte einer dauerhaften Speicherung im Gehirn zuzuführen. Das heißt zwar nicht, dass es gar nicht geht, aber es könnte deutlich besser sein. Was mich am Ende der Auswertung aber etwas versöhnte, war die Aussage, dass sich keine Hinweise auf Einbußen im Bereich der Intelligenzfunktionen ergaben.

Nach Aussage des Spezialisten aus Rostock sind Patienten mit instabilem Genick im ausgeruhten Zustand in der Lage, durchaus zwei Stunden konzentrierte neurologische Leistungen zu vollbringen. Allerdings kommt es anschließend in der Regel zu einem Leistungsabfall. Das habe ich – insbesondere bei diesem Test – auch erlebt. Nach der konzentrierten Anstrengung hatte ich richtig lange mit den Nachwirkungen zu kämpfen. Aber auch im Alltag merke ich das. Auf eine längere Phase der Konzentration oder Anstrengung folgen immer Müdigkeitseinbrüche. Wenn ich auf diese nicht angemessen Rücksicht nehme, werde ich mit noch längeren Erschöpfungsphasen „bestraft" und bin nicht mehr in der Lage irgendwelche Arbeiten sinnvoll zu erledigen.

Aber wie hängt das nun mit meinem Kopfgelenk zusammen? In der Literatur habe ich hierzu mehrere Aussagen gefunden: „Das posttraumatische zervikoenzephale Syndrom, welches typischerweise durch eine plötzliche Beschleunigung oder Abbremsung des Kopfes relativ zum Körper, wie z. B. bei Auffahrkollisionen im Straßenverkehr, ausgelöst wird, ist neben somatischen auch durch neuropsychologische Beschwerden gekennzeichnet. Unter neuropsychologischen Funktionen werden mentale Prozesse verstanden, die das Denken, das Verhalten, das Empfinden und die Wahrnehmung betreffen und die oft auch als kognitive Funktionen bezeichnet werden. Die beim zervikoenzephalen Syndrom auftretenden neuropsychologischen Beeinträchtigungen betreffen insbesondere die kognitiven Bereiche der Aufmerksamkeit und der Konzentration sowie des Gedächtnisses."[23]

Es gibt also einen Zusammenhang zwischen meiner Kopfgelenksinstabilität und den neuropsychologischen Testergebnissen. Damit bin ich offensichtlich nicht allein. In Studien zum Thema „Neuropsychologische Beeinträchtigungen nach Halswirbelsäulen-Beschleunigungsverletzung" werden am häufigsten Aufmerksamkeitsdefizite dargestellt.[24]

„Nach einer Schleudertraumaverletzung gehen manche Symptome vom Gehirn aus. Zu diesen Gehirn-Symptomen gehören u.a. auch Störungen der Konzentration, der Aufmerksamkeit und des Gedächtnisses."[25]

Da meiner Kopfgelenksinstabilität aller Voraussicht nach eine Beschleunigungsverletzung zugrunde liegt, sind die Folgen in Form von neuropsychologischen Funktionseinschränkungen die logische Konsequenz.

Neben Upright-MRT und neurootologischer Untersuchung, hatte nun also auch die neurospychologische Testung einen weiteren Nachweis für mein Krankheitsbild erbracht.

Nach Auswertung aller Untersuchungen und neuer Laborergebnisse, hielt ich jeweils noch mal Rücksprache mit den involvierten Ärzten. Zusammenfassend konnte ich für mich den Schluss ziehen, dass mein Krankheitsbild

Cervico-encephales Syndrom infolge posttraumatischer Instabilität des Genickgelenkes

oder anders ausgedrückt:

Kopfgelenksinstabilität und sekundäre Mitochondropathie

auf ganzer Linie bestätigt wurde. Aber weshalb ist es eigentlich so schwer, das Ganze zu diagnostizieren? Ich habe mich in verschiedenen Fachbüchern auf die Suche nach Erklärungen gemacht und habe einige interessante Aussagen gefunden, aus welchen sich erkennen lässt, warum es sich um ein so schwieriges Feld handelt:

„Läsionen der Halswirbelsäule im Sinne eines Schleudertraumas schädigen den aktiven und passiven Bewegungsapparat des kraniozervikalen Übergangs in einer Weise, die zu einem Beschwerdebild führen kann, dass in seiner Schwere oft in krassem Missverhältnis zur Geringfügigkeit des Traumas selbst steht." [26]

„Die Symptome im Akutstadium sind meist wenig gravierend. Diejenigen, die chronische Beschwerden und eine Behinderung entwickeln, tun dies nach und nach. Mit der Zeit nehmen die gesundheitlichen Einschränkungen immer mehr zu. Eine Erklärung hierfür ist in der Tatsache zu sehen, dass sich das chronische Beschwerdebild nach einer Beschleunigungsverletzung der Halswirbelsäule aufgrund einer Narbenbildung, einer Arthrose und/oder einer segmentalen Instabilität, manchmal auch durch die Herabsetzung der Schmerzschwelle im zentralen Nervensystem, entwickelt. All dies kann zu erheblich verspätet auftretenden Beschwerden führen." [27]

„Wie bereits ausgeführt, bestehen besondere Probleme bei der Diagnostik, d.h. der Ursachenfindung für die dargestellten Symptome. Nehmen wir das Beispiel „Schwindel", besser, die Gleichgewichtsstörung, die am intensivsten zur sog. „Mattscheibe" führt. Es gibt heute über 2500 wissenschaftliche Veröffentlichungen allein zum Thema „halsbedingte Gleichgewichtsstörungen". Häufig kann der Allgemeinarzt, der als erster aufgesucht wird, kaum mit diesem Symptom umgehen und überweist dem Patienten zum Internisten, HNO-Arzt oder Orthopäden. Der HNO-Arzt ist oft unsicher, da er sich zwar auf der Vorderseite des Halses im Bereich der Luft- und Speiseröhre und der Weichteile sehr gut auskennt, die hintere, die Nacken-HWS-Region dagegen aus seinem Arbeitsbereich weitgehend ausgespart ist. Benachbarte Fachgebiete wie die Orthopädie beurteilen den Hals vornehmlich auf dem Röntgenbild. Der Orthopäde kann demnach mit dem Symptom Schwindel nur schwerlich umgehen, schon gar nicht bei negativem Röntgenbefund. Auch er wird zur Diagnostik einer Störung herangezogen, die außerhalb seines Fachgebietes liegt. Patienten mit zervikalem Schwindel, also halsbedingten Gleichgewichtsstörungen, wandern deshalb nicht selten wie Ping-Pong-Bälle zwischen den Ärzten unterschiedlicher Fachrichtungen hin und her."[28]

„Bei Patienten mit Störungen im Kopfgelenksbereich gibt es eine Reihe von charakteristischen Aussagen und Verhaltensweisen, auf die der Untersucher speziell achten muss. Am Anfang steht die Frage nach der Lokalisation und Qualität der Beschwerden. Bewährt hat sich, dass der Patient punktuell mit dem Zeigefinger - nicht mit der ganzen Hand - zeigen muss, wo der Ursprung der Schmerzen empfunden wird und wohin sie ausstrahlen. Die hochzervikalen Patienten zeigen fast stereotyp auf die Nacken-Haar-Grenze bis zu den Augen. Die Schweizer Kollegen, die nach wie vor ein ungebrochenes Verhältnis zu ihrem Militär haben, prägten hierfür den Begriff des „Helmabstreifens". Wird nach weiteren Symptomen gefragt dann ergibt sich folgendes Spektrum an Befindungsstörungen: Gleichgewichtsstörungen und Taumeligkeit, Übelkeit (ohne Erbrechen), Tinnitus, Benommenheit u.ä. Es wird ferner geklagt über: unscharfes Sehen, Grauschleier-Sehen, rasche Ermüdbarkeit der Augen u.ä." [29]

Das letzte Zitat finde ich persönlich besonders bemerkenswert, da ich seit dem Jahr 2005 bei der Frage nach meinen Problemen immer genau diese Bewegung auf der linken Seite des Kopfes gemacht habe.

Wenn man die Diagnose-Schwierigkeiten bedenkt, konnte ich glücklich sein, nun meine Bestätigung zu haben. Mit dieser Sicherheit wollte ich mich sodann wieder auf die bisherigen Säulen der Therapie stützen.

- Einhaltung der LOGI-Kost, also wenig Kohlenhydrate mit hoher glykämischer Last.

- Vor der Nachtruhe Verzehr eines Spätstücks (z.B. Vollkornbrot mit Butter) um nächtliches Energiedefizit zu vermeiden

- Einnahme von Mirkonährstoffen.

- Flottes Gehen und Theraband-Übungen zur Stärkung der Nacken- und Rückenmuskulatur, sowie Übungen für die Augen zur Stabilisierung der Hirnnervenfunktionen, unterstützt durch Physiotherapie

- Belastungs- und Stressreduktion

Leider war mir die volle Konzentration auf diese Dinge in den folgenden Monaten nicht vergönnt. Mir stand ein Kampf bevor, der einen Großteil meiner Kraft „auffraß" und mir eine riesige Portion Selbstdisziplin abverlangte, um trotz allem die oben genannten Therapiepunkte zumindest halbwegs umzusetzen. Es ging um meine Dienstfähigkeit.

Dienstunfähig?

Menschlich enttäuscht wurde ich in all den Jahren meiner Erkrankung mehr als einmal, was mich aber erwartete, als es um meine Dienstfähigkeit ging, stellte wirklich alles in den Schatten. Mit 39 Jahren hat man schon eine Menge erlebt und Erfahrungen der verschiedensten Art gemacht. Aber nichts hat mich gleichermaßen tief verletzt, wie das Verhalten meines Dienstherrn in dem Verfahren zur Überprüfung meiner Dienstfähigkeit. Ich kann bis heute nicht begreifen, weshalb ich so behandelt wurde, eine logische und nachvollziehbare Erklärung gibt es für mich nicht. Aber der Reihe nach.

Als meine Beschwerden im Juli 2015 immer schlimmer wurden, suchte ich - wie bereits erwähnt - das Gespräch mit meinem Personalleiter. An diesem Tag ging es mir besonders schlecht, daher bat ich meinen Mann, mich zu begleiten. Ich erläuterte noch mal mein Krankheitsbild, sowie meine Beschwerden und erklärte, wie schwierig es sei, unter den Umständen meine Arbeitsfähigkeit aufrechtzuerhalten. Die vorausgegangenen Monate hatten so viel Kraft gekostet, dass ich mir selber nicht mehr sicher war, wie lange es dauern würde, wieder auf die Beine zu kommen. Vor diesem Hintergrund rang ich mich durch, eine heikle Frage zu stellen. Ich wollte wissen, ab wann das Thema „Dienstunfähigkeit" zum Thema würde. Darüber hatte ich mir bislang nie Gedanken gemacht, aber nach dem katastrophalen ersten Halbjahr 2015 und den andauernden Problemen, konnte ich die Augen nicht mehr davor verschließen. Zumindest musste ich wissen, ab wann ich mit diesem Thema zu rechnen hatte. Was dann folgte, war kurios. Mein Mann formuliert es anschließend so: „Der ist auf das Thema angesprungen wie ein Hund auf einen Knochen." Wortwörtlich hörte ich von meinem Personalleiter: „Ein Termin beim Gesundheitsamt ist schnell gemacht." Er erläuterte mir die genauen Abläufe eines solchen Prüfungsverfahrens und wie lange eine Dienstunfähigkeit in der Regel im ersten Schritt befristet wird. Kaum 1 Stunde nach unserem Gespräch erhielt ich eine Berechnung meiner voraussichtlichen Versorgungsbezüge per E-Mail. Wow, das ging flott. Eigentlich wollte ich nur grundsätzlich fragen. Aber gut. Wir hatten vereinbart, die folgenden Wochen noch abzuwarten und für den Fall, dass meine Situation sich nicht verändern würde, dann das weitere Vorgehen zu besprechen.

Nach diesem Gespräch vergingen ca. zwei Wochen, die ich überwiegend von zu Hause aus arbeitete, bis ich die Wiedereingliederung abbrechen musste und krankgeschrieben wurde. Den August verbrachte ich mehr oder weniger im totalen Gefühlschaos. Auf der einen Seite wollte ich unbedingt wieder arbeiten gehen, aber andererseits musste ich bei realistischer Einschätzung meiner Verfassung erkennen, dass es nicht ging. Das sah mein Arzt auch so und daher gab ich dann Mitte August eine folgenschwere Krankmeldung über vier weitere Wochen ab. Wenige Tage später erreichte mich eine E-Mail des Personalleiters, in welcher er mir ankündigte, dass man nun wohl nicht mehr um die amtsärztliche Begutachtung meiner Dienstfähigkeit herumkomme. Auch im Hinblick darauf, dass man mich nicht anders behandeln könne wie die übrigen Kolleginnen und Kollegen. Ich hatte vollstes Verständnis dafür, dass dieser Schritt erfolgte. Im Jahr 2015 war ich fast ausschließlich krank oder in der Wiedereingliederung. Als Personalleiter hätte ich bestimmt die gleiche Entscheidung getroffen. Aber muss man so etwas per E-Mail machen? Es hätte bestimmt einen persönlicheren Weg gegeben. Was mich aber viel mehr ärgerte, war der Spruch bezüglich der Gleichbehandlung. Das klang ja so, als hätte man mich bislang bevorzugt behandelt, was aber nun wirklich nicht stimmte. Eigentlich wurde ich mehr oder weniger ignoriert, auch als meine Fehlzeiten immer mehr wurden. Da hätte ich mir Hilfsangebote erhofft. Als ich aber von mir aus das Wort Dienstfähigkeit in den Mund genommen hatte, ging plötzlich alles ganz schnell. Da ich wirklich selber nicht wusste, wie lange es dauern würde, bis ich mich gesundheitlich wieder stabilisiert hätte, willigte ich einer Begutachtung meiner Dienstfähigkeit ein. Ende August bekam ich dann die offizielle Ladung für den 17. September 2015. Ich wurde gebeten, der zuständigen Amtsärztin die aussagekräftigsten Unterlagen zu meiner Erkrankung zur Vorbereitung auf den Termin vorab zuzusenden.

Es war zwar weiter noch gar nichts passiert, aber ich kann Ihnen sagen, das ist kein schönes Gefühl. Die Vorstellung, sich von einer fremden Person begutachten zu lassen, die dann auch noch darüber entscheiden soll, ob ich in der Lage bin zu arbeiten oder nicht, ließ mich nicht kalt. Das Ganze hatte für mich irgendwie den Charakter eines Pferdemarktes: nach körperlicher Begutachtung für arbeitstauglich befunden oder abgelehnt. Ich weiß, das ist jetzt etwas weit hergeholt und ein übertriebener Vergleich, aber ich fühlte mich ausgeliefert. Waren Sie schon einmal in einem Gesundheitsamt? Ich kenne persönlich zwei, zum einen aufgrund der Einstellungsuntersuchung vor Beginn der Ausbildung und zum anderen aufgrund der Untersuchung hinsichtlich der Ernennung zur Beamtin auf Lebenszeit. Beide Gesundheitsämter versprühten irgendwie einen altpreußischen Charme. Das meine ich gar nicht böse, aber dieses Gefühl erzeugen sie bei mir. Mir mangelt es in der Regel nicht an Selbstbewusstsein, aber die Ausstrahlung eines Gesundheitsamtes flößt mir Respekt ein. Alles wirkt so streng hierarchisch, mit klaren Über- bzw. Unterordnungsverhältnissen. Vielleicht liegt es auch daran, dass Gesundheitsämtern per se eine große Macht zukommt. Insbesondere die gesetzliche Legitimation von Amtsärzten ist sehr weitgehend. Kurzum, ich sah meinem Begutachtungstermin mit einem mulmigen Gefühl entgegen und darin sollte ich auch bestätigt werden.

Vorher wollte ich noch für ein paar Tage auf andere Gedanken kommen. Wir hatten für Anfang September einen viertägigen Kurzurlaub geplant. Um keine dienstrechtlichen Fehler zu begehen, hatte ich mir vorab die Genehmigung eingeholt, während der Krankschreibung verreisen zu dürfen. Aus der erhofften Entspannung wurde leider nichts. Schon die vierstündige Fahrt setzte meinem stark angeschlagenen Körper mächtig zu. Bei der zwischenzeitlichen Toilettenpause bereute ich bereits die Entscheidung für den Urlaub. Ich hatte Schmerzen und mir war übel, aber ich hatte mich so lange auf den Urlaub gefreut, ich wollte mich nicht hängen lassen. Nach einer Nacht auf der knüppelharten Matratze des Hotels hatte ich am nächsten Tag dermaßen Gleichgewichtsprobleme, dass ich über meine eigenen Füße stolperte. Die verhärtete Muskulatur versuchte ich durch Bewegung zu lockern, manchmal funktioniert das. Dieses Mal leider nicht. Beim Abendessen war mein Nacken komplett blockiert, so dass ich Schluck- und Atemprobleme hatte und die meiste Zeit des

Essens auf dem Hotelzimmer verbrachte. Bei dem Gedanken, noch zwei Nächte in diesem Bett verbringen zu müssen, schauderte es mich und so entschieden wir, am folgenden Morgen abzureisen. Das war schade, zumal der letzte Urlaub bereits über ein Jahr zurücklag, aber die Entscheidung war trotzdem richtig. Wieder zu Hause folgte dann auch der Kauf meiner Reisematratze, um diese Probleme künftig zu umgehen. Nachdem ich im April bereits dachte, der Krankenhausaufenthalt sei der Gipfel des Elends gewesen, empfand ich nun das Urlaubs-Desaster rein emotional mindestens genauso schlimm.

Ich überdachte noch mal die vergangenen Monate, um nach Möglichkeiten aus dem gesundheitlichen Tiefpunkt zu suchen. Ich erinnerte mich an meine Trainingsanfänge im Jahr 2009 nach dem stationären Aufenthalt in der Wirbelsäulenklinik. Auch damals ging es nur in ganz kleinen Schritten. Vielleicht war der Wiedereinstieg ins Training im Juni trotz aller Vorsicht zu heftig ausgefallen. Ich machte also einen Cut und fuhr die Belastung fast auf null runter. Mit 12 Minuten Gehen auf dem Laufband startete ich. Dazu führte ich ein Trainingstagebuch, um aufgrund dieser Kontrolle, künftig eine Überbelastung zu vermeiden. Zusätzlich machte ich kleinere Spaziergänge und Dehnübungen. Sonst erst mal nichts. Das klappte soweit ganz gut. Ich steigerte mein Trainingsprogramm auch nur in Minischritten, zum Beispiel auf dem

Laufband jeweils nur um 1 Minute nach ca. 5-7 Trainingseinheiten. Zu weiteren Rückfällen kam es zum Glück erst mal nicht mehr, aber eine Verbesserung bzw. Stabilisierung ließ leider auch noch auf sich warten. Ich war immer noch unglaublich erschöpft. Es schien, als würde es noch eine ganze Weile dauern, bis ich mich von der Dauerüberforderung der letzten Monate, vielmehr eigentlich Jahre, erholen würde. Vor diesem Hintergrund legte ich im September 2015 auch mein Mandat im Verbandsgemeinderat nieder. Dort war ich seit Dezember 2014 nicht mehr gewesen und es schien mir fairer, meinen Platz für jemanden freizumachen, der die Aufgabe richtig wahrnehmen kann. Meinen Sitz im Stadtrat behielt ich, auch wenn ich dort ebenfalls seit Dezember 2014 fehlte. Aber ich wollte einfach nicht alles aufgeben, da ich weiterhin die Hoffnung hatte, mich gesundheitlich wieder zu stabilisieren. Es sollte jedoch bis Mai 2016 dauern, bis ich schließlich wieder an einer Sitzung des Stadtrates teilnehmen konnte.

Wie vereinbart, kopierte ich einen großen Stapel medizinischer Unterlagen und brachte diese zur Vorbereitung des Untersuchungstermins persönlich bei der zuständigen Amtsärztin vorbei. Dieses Zusammentreffen wurde sehr denkwürdig. Obwohl wir eigentlich Kolleginnen waren, da wir dem gleichen Dienstherrn unterstellt waren, kannte ich die Amtsärztin nicht. Zwar hatte ich früher gelegentlich dienstlichen Kontakt mit dem Gesundheitsamt, aber dabei habe ich nicht alle dortigen Mitarbeiter kennen gelernt. Ich kam also mit meinem Stapel Unterlagen in das Büro einer mir unbekannten Person und wurde ohne lange Umschweife mit den Worten begrüßt: „Und, Ihr Hauptproblem ist Schwindel?" In meinem Kopf ratterte es. Ich war total überrascht, regelrecht überfahren von diesem verbalen Überfall, dass ich nur ein „Ne, das ist mehr eine Benommenheit" rausbrachte. Ich habe mich nachher mehrfach darüber geärgert, dass ich nicht sofort klargestellt habe, dass mein Hauptproblem die Kopfgelenksinstabilität ist. Aber in dem Moment war ich einfach zu verdattert. Das merkwürdige Gespräch ging auch direkt weiter. Die Amtsärztin fragte mich, ob das schon mal neuropsychiatrisch untersucht wurde, da Schwindel auch psychische Ursachen haben könne. „Was will sie eigentlich dauernd mit Schwindel", ging es mir durch den Kopf, „wie kommt sie denn darauf, ich hätte Schwindel?". Geantwortet habe ich: „Nein, dafür gab es bisher keinen Anlass." Und dann wurde es noch verrückter. Die Amtsärztin sprach mich auf ein Ereignis an, wonach ich aufgrund von Schwindel mein Auto hätte auf einer Brücke anhalten müssen. Da gingen so langsam die Alarmglocken bei mir an. „Hier stimmt doch was nicht, wie kommt sie denn auf so eine abstruse Geschichte", dachte ich mir und fragte sogleich auch „Wer hat das denn gesagt?" Ich wiederholte meine Frage, bekam jedoch keine Antwort, nur die Gegenfrage „Stimmt das denn nicht?" Natürlich stimmte das nicht, was ich so auch antwortete.

Was hinter der Frage steckte, war mir schnell klar. Ich hatte während eines Gesprächs mit dem Personalleiter im November 2014, als es um das Thema Telearbeit ging, meine gesundheitlichen Beschwerden erläutert. Dabei erzählte ich ihm auch, dass sich meine körperliche Verfassung manchmal unkalkulierbar schnell verändert, dass aufgrund einer falschen Bewegung plötzlich Übelkeit und Benommenheit auftreten können und dass ich dann lieber mein Auto stehen und mich abholen lasse, falls ich alleine unterwegs sei. Ich weiß noch, dass ich dann sagte: „Dann lass ich im Zweifel lieber das Auto vor der Brücke stehen, bevor ich ein Risiko eingehe." Das ist mein Verständnis von einem verantwortungsvollen Umgang im Straßenverkehr. Zur Erklärung: die besagte Brücke liegt auf dem Weg zur Arbeit. Der Personalleiter war im dienstlichen Umfeld der Einzige, dem ich mit diesen Worten das Thema „Autofahren" schilderte. Wie um alles in der Welt er dann darauf kam, die Geschichte so abzuwandeln, als hätte ich aufgrund von Schwindel auf der Brücke angehalten, bleibt mir bis heute ein Rätsel. Dummerweise hatte diese falsche Story aber bei der Amtsärztin einen bleibenden Eindruck hinterlassen, wie sich wohl noch herausstellen sollte. Wenn mich diese Sache eins gelehrt hat, dann, dass ich besser nicht frei heraus von meinen Problemen berichtet hätte. Aber dass mir die Worte so dermaßen verdreht werden würden, damit konnte ich ja nicht rechnen. Vor allen Dingen wundert es mich bis heute, wie die Thematik Schwindel entstehen konnte. Ich selber hatte dieses Wort nie benutzt. Bei Beendigung des Gesprächs teilte die Amtsärztin mir noch mit, dass sie ungeachtet der noch zu erfolgenden Durchsicht meiner Unterlagen und der körperlichen Untersuchung, davon ausgehe, ein weiteres Gutachten zu benötigen. Das erschloss sich mir nicht. Wie kann man auf die Idee kommen, ein weiteres Gutachten einholen zu müssen, bevor man überhaupt die vorgelegten Unterlagen gesichtet hatte? Theoretisch hätten sich doch daraus alle Antworten ergeben können.

Als ich das Büro der Amtsärztin verließ, war ich entsprechend verwirrt. Ich schilderte meinem Mann die merkwürdige Unterhaltung und fertigte mir zu Hause eine Niederschrift des Gespräches an. Ich hatte das Gefühl, diese noch gebrauchen zu können. Im Grunde hatte ich damals schon Zweifel daran, ob es richtig sei, die Begutachtung von dieser Amtsärztin durchführen zu lassen. Die Unterhaltung, im Rahmen derer ich eigentlich nur meine Unterlagen abgeben wollte, verlief alles andere als normal. Die Fragen bzw. Behauptungen, die seitens der Amtsärztin formuliert wurden, ließen mich zu dem Schluss kommen, dass sie vorinformiert wurde und das leider falsch. Da ich privat Kontakt zu Personalchefs und Leitern anderer Behörden habe, trug ich dort meine Geschichte vor und erfragte Rat für das weitere Vorgehen. Übereinstimmend erhielt ich die Rückmeldung: „Was ist das denn für eine Art? Die wurde doch vorinformiert." Tja, das wusste ich zwar, es nützte mir im laufenden Verfahren aber nichts. Klar, ich hätte die Amtsärztin wegen Befangenheit ablehnen können, aber unter Kollegen schien mir dieser Schritt – damals zumindest - zu heftig und so verzichtete ich darauf und nahm am 17. September 2015 meinen Begutachtungstermin wahr.

Mir war zwar nicht ganz wohl bei der Sache, aber da ich aussagekräftige Untersuchungsbefunde von Ärzten verschiedenster Fachrichtungen vorgelegt hatte, glaubte ich naiverweise weiterhin an ein faires Verfahren. Bereits in den ersten 5 Minuten der Begutachtung wurde ich eines Besseren belehrt. Die Amtsärztin eröffnete mir, dass sie ein neuropsychiatrisches Gutachten haben möchte. Das war klar. Nach den merkwürdigen Fragen während des letzten Termins hätte ich damit rechnen müssen. Ich kannte die Problematik ja auch bereits aus der Literatur. Menschen mit meinem Beschwerdebild werden oft psychiatrisiert. Allerdings findet man das zumeist bei Opfern von Verkehrsunfällen, wenn die gegnerische Versicherung die Kausalität zwischen Unfall und Beschwerden ablehnen möchte. Dass es mich jetzt aber traf, obwohl alle medizinischen Unterlagen klar zum Ausdruck brachten, dass ich eine Kopfgelenksinstabilität habe, war für mich nun überhaupt nicht nachvollziehbar. Das sagte ich dann auch: „Das ist typisch, immer wenn ein Krankheitsbild nicht verstanden wird, kommt die Psyche ins Spiel." Rums, das hatte gesessen und die Reaktion ließ nicht lange auf sich warten. „Frau Theisen-Diether, Sie sind respektlos, ich mache seit 30 Jahren Gutachten, ich weiß was ich tue", schrie die Amtsärztin mich an. Auch wenn ich eventuell etwas frech war, aber dieser Ausbruch war übertrieben, anschreien lassen musste ich mich nicht. Ich hatte kurz den Impuls, aufzustehen und zu gehen. Aber was hätte das gebracht? Dann wäre es zum nächsten Amtsarzt gegangen. Und so gut ging es mir wirklich nicht, dass ich das Prozedere mehrfach bräuchte. Ich schaffte es irgendwie, mich zu entschuldigen, so in der Art: „Das tut mir leid, ich wollte nicht respektlos sein. Aber wenn man so lange kämpft, um das Krankheitsbild zu ergründen, reagiert man beim Thema Psyche empfindlich." In Wirklichkeit hätte ich am liebsten laut losgepoltert, aber die Variante Augen zu und durch war vermutlich doch besser. Das Gespräch ging dann normal weiter.

Nach der körperlichen Untersuchung durch die Amtsärztin kam dann das Gespräch auf das weitere Vorgehen. Die Amtsärztin teilte mir mit, dass sie einen Neurologen und Psychiater mit der besagten Begutachtung beauftragen würde. Ich wagte noch mal einen Versuch und erkundigte mich nach den Gründen. Wortwörtlich sagte sie: „Um zu klären, ob es eine Komponente auf psychischem Gebiet gibt, die das Krankheitsbild begründet." In mir brodelte es. „Was soll denn der Mist?" fragte ich mich still. „Mein Krankheitsbild ist ausführlich begründet und mit meiner Psyche ist alles in bester Ordnung." Ich fragte höflich, ob sie mir die Begründung für diese zusätzliche Begutachtung bitte schriftlich mitteilen könne. Das lehnte sie ab. Ich wagte nochmals einen kleinen Vorstoß und fragte, um das Spiel mitzuspielen, was denn geschehe, falls der Psychiater etwas finde. „Dann kann Ihnen vielleicht eine Psychotherapie helfen", war die Antwort. Ich bin mir nicht ganz sicher, ob mein Gesicht verbergen konnte, was ich in dem Moment dachte, ich kann das aber nur hoffen, es waren nämlich keine netten Gedanken. Als könnte eine Psychotherapie mein Kopfgelenk wieder stabilisieren. Aber die Antwort auf meine Frage: „Und was passiert, wenn der Psychiater nichts findet?", war auch nicht besser. Die Amtsärztin dachte für den Fall an eine Schmerztherapie, am besten stationär. Hatte die Frau eigentlich meine Unterlagen gelesen? Weder gab es in irgendeiner Weise Hinweise auf psychische Probleme, noch würde ich nach dem Entgiftungsdesaster im Anschluss an den Krankenhausaufenthalt noch mal freiwillig hochdosierte Schmerzmittel nehmen. Was sollte also diese Zusatzbegutachtung? Aber um weitere Eskalationen zu vermeiden, verzichtete ich auf jegliche Kommentare. Das Gespräch endete damit, dass die Amtsärztin mir mitteilte, sie würde sich nach Vorliegen des neuropsychiatrischen Gutachten wieder bei mir melden.

Als ich vor dem Gebäude des Gesundheitsamtes stand, wollte ich eigentlich einfach nur laut schreien. Die Amtsärztin glaubte doch nicht allen Ernstes, ich würde mich neuropsychiatrisch untersuchen lassen, obwohl es dafür keinen Grund gab und sie selber mir auch keinen plausiblen Grund genannt hatte. Vor lauter Wut über diese Willkür und Ungerechtigkeit, kamen mir noch auf der Heimfahrt die Tränen. Ich besprach das weitere Vorgehen mit meinem Mann, und wir entschieden, erst mal die Einladung zur neuropsychiatrischen Untersuchung abzuwarten.

Diese Einladung kam dann Anfang Oktober zunächst in ungewöhnlicher Form. Ich hatte auf meiner Anruferliste eine unbekannte Telefonnummer. Da ich jedoch wusste, wo der ausgesuchte Neurologe/Psychiater seine Praxis hatte, vermutete ich diesen als Anrufer. Ein Blick ins Telefonbuch bestätigte meine Vermutung. Ich fand es mehr als ungewöhnlich, jemanden telefonisch zu einem Begutachtungstermin zu bitten. Die Einhaltung von Formvorschriften sieht anders aus, weshalb ich mir auch nicht die Mühe machte, die Praxis zurückzurufen. Einige Zeit später, hatte ich dann die schriftliche Einladung des Arztes in der Post. Aber auch das war eigentlich falsch. Die Anordnung zur Begutachtung hätte von meinem Dienstherrn kommen müssen. Leider war das nur der Anfang einer langen Fehlerkette. Das Einladungsschreiben war ein Witz. Keine Ahnung, ob die Praxis dachte, ich könne nicht bis drei zählen. Auf jeden Fall waren verschiedene Textpassagen des Schreibens mit gelbem Textmarker angestrichen und zusätzlich noch weitere Stellen mit roten Ausrufezeichen markiert. Da fällt es einem schon schwer, sich ernstgenommen zu fühlen bzw. ein solches Schreiben ernst zu nehmen. Um welche Art Gutachtenauftrag es sich handelte, erfuhr ich aus dem Schreiben nicht, auch enthielt es keine näheren Angaben zu Tests oder Untersuchungsmethoden. Aber dafür wurde ich darauf hingewiesen, dass ich mit gewaschenen Haaren zu erscheinen hatte. Dieser Hinweis wurde im Hinblick auf die Möglichkeit eines EEG`s erteilt, mutete aber trotzdem sehr anmaßend an.

Ungeachtet dessen, dass der Mann in sämtlichen Bewertungsportalen katastrophal abschnitt und ein Bekannter, der beruflich bereits mit diesem Arzt zu tun hatte, die Hände über dem Kopf zusammenschlug als er von meinem Termin erfuhr, sah ich auch aus rechtlicher Hinsicht keine Veranlassung, mich neuropsychiatrisch untersuchen zu lassen, egal bei wem. Was sollte ich nun tun? Nach den beiden denkwürdigen Terminen im Gesundheitsamt, hatte ich nicht den Eindruck, dass sich hier etwas auf dem „kleinen Dienstweg" klären ließe. Also blieb mir nur die offizielle Variante über einen Anwalt. Mein Mann ist zwar selber Rechtsanwalt, aber zum einen spezialisiert auf Strafrecht und zum anderen wollten wir lieber jemanden beauftragen, der nicht persönlich betroffen ist. So fiel die Wahl auf einen Kollegen meines Mannes, einen Fachanwalt für Sozialrecht. Dieser teilte Mitte Oktober 2015 meinem Dienstherrn schriftlich mit, dass ich den Termin zur neuropsychiatrische Begutachtung nicht wahrnehmen werde, da alle von mir vorgelegten medizinischen Unterlagen mein Krankheitsbild schlüssig erklärten und es nicht ersichtlich sei, weshalb ein weiteres Sachverständigengutachten eingeholt werden solle. Mein Anwalt erklärte mir, dass ein Amtsarzt nach der gängigen Rechtsprechung nicht einfach Gutachten in Auftrag geben dürfe. Er müsse sich vielmehr mit den Feststellungen der Fachärzte auseinandersetzen und diese argumentativ entkräften oder zumindest begründen, weshalb ein Gutachten notwendig sei. Oder einfach ausgedrückt: „Butter bei die Fische". Aber all dies ließ die Amtsärztin vermissen.

Mit diesem anwaltlichen Schreiben wurde mein Dienstherr auch darüber informiert, dass die Amtsärztin bereits während des ersten Gesprächs, bei welchem ich lediglich meine medizinischen Unterlagen abgeben wollte, äußerte, ein weiteres Gutachten in Betracht zu ziehen. Das war schließlich so merkwürdig, dass wir es für nötig hielten, dies zu erwähnen. Mit dem folgenden Antwortschreiben ging man auf unsere Ausführungen nicht ein, stattdessen wurde uns eine Stellungnahme der Amtsärztin vorgelegt, worin diese sich ganz klar für eine neuropsychiatrische Zusatzbegutachtung aussprach, um eine psychische Komponente meiner Erkrankung zu klären. Aus ihrer Sicht sei das Krankheitsbild durch die vorgelegten Befunde nicht hinreichend erklärbar. Eine medizinische Erklärung für die Zusatzbegutachtung fehlte ihrerseits aber auch dieses Mal. Was meinen Dienstherrn jedoch nicht daran hinderte, mich mit Hinweis auf meine „Mitwirkungspflicht" aus dem Landesbeamtenrecht aufzufordern, die Zusatzbegutachtung durchführen zu lassen. Was war das denn? Es lag mir tatsächlich schwarz auf weiß vor, dass die Amtsärztin Bedenken hinsichtlich meiner Psyche hatte. Ich kann Ihnen sagen, das fühlt sich an, wie ein Schlag ins Gesicht. Verschlimmert wurde dieses Gefühl noch dadurch, dass sie nicht einmal eine Begründung dafür lieferte. Ich empfand das alles als sehr erniedrigend.

Ich frage mich bis heute, wo die Logik in dem Fall war. Der Amtsärztin, die weder Orthopädin, noch Neurologin, noch Psychiaterin oder Internistin war, erschloss sich mein Krankheitsbild nicht hinreichend. Und das bedeutete dann automatisch, dass es eine psychische Komponente geben muss? Das finde ich etwas zu einfach gedacht. Was sollte ich jetzt machen? Der Untersuchungsaufforderung wollte ich mich auf keinen Fall beugen, da sie unrechtmäßig und vor allen Dingen auch unnötig war. Aber ich hatte auch keine Lust auf einen endlosen Papierkrieg. Meine gesundheitlichen Beschwerden waren noch nicht weniger geworden und so fehlte mir dafür einfach die Kraft. Um aber irgendwie in dem ganzen Verfahren voran zu kommen, erkundigte ich mich nach Psychiatern, die auch eine Sachverständigenzulassung vor Gericht haben. Da mich der bisherige Verfahrensablauf erschreckte und man mir weder eine Begründung für die Untersuchung noch eine Kopie des Begutachtungsauftrages vorlegte, wurde ich lieber eigenständig tätig. Zum Glück erhielt ich relativ zügig einen Termin bei einer Psychiaterin und ließ mich dort untersuchen. Es stößt mir heute noch auf, dass ich aufgrund der Umstände gezwungen wurde, so weit zu gehen. Die Psychiaterin attestierte mir, dass ich unter keinerlei psychiatrischen Auffälligkeiten leide und insgesamt keine Symptomatik von Krankheitswert auf psychiatrischem Fachgebiet vorliege. Dieses Gutachten wurde meinem Dienstherrn vorgelegt. Normalerweise würde man denken, dass die Sache damit vom Tisch sei und eine Entscheidung getroffen werden könne. Weit gefehlt. Ohne dieses Gutachten, Hinweise aus einschlägiger Fachliteratur oder die rechtlichen Erläuterungen meines Anwaltes zu berücksichtigen, blieb mein Dienstherr bei seiner Haltung und die Untersuchungsanordnung stand weiterhin im Raum. Zwischenzeitlich wurden aus der zu ergründen psychischen Komponente plötzlich neurologische Symptome, die zu untersuchen seien. Es schien, als wolle man mich mit aller Gewalt zu dem beauftragen Arzt bekommen, egal mit welchem Argument, wobei es ja eigentlich gar keins gab. Ich verzweifelte mehr und mehr an diesem Verhalten meiner – ich mag es kaum schreiben – Kollegen. Es konnte doch nicht sein, dass die Amtsärztin, ohne eine medizinische Begründung zu liefern, einfach so eine Zusatzuntersuchung fordern konnte und mein Dienstherr dem blind folgte, ohne auch nur einmal die Rechmäßigkeit dieses Vorgehens in Frage zu stellen. Aber so war es leider. Seinen vorläufigen Höhepunkt erreichte das Verfahren, als mein Anwalt versuchte, telefonisch eine gütliche Einigung herbeizuführen. Der büroleitende Beamte wies darauf hin, dass er gezwungen sein würde, dienstordnungsrechtliche Schritte gegen mich einzuleiten, wie zum Beispiel ein Ordnungsgeld, falls ich mich weiterhin weigern würde, der dienstlichen Anordnung zur Untersuchung Folge zu leisten. Auf welcher Basis soll man sich da noch unterhalten? Mein Dienstherr erlässt eine rechtwidrige – weil unbegründete - Anordnung, will diese mir gegenüber aber mit Ordnungsgeld durchsetzen. Mir fehlten die Worte.

So sollte sich eine Behörde nicht verhalten. Dies kann man als Bürger schon nicht nachvollziehen, aber erst recht nicht als Mitarbeiterin.

Anfang Dezember 2015 wurde ich dann nochmals eindringlich aufgefordert, der Anordnung Folge zu leisten, und mich bei besagtem Arzt untersuchen zu lassen. Mir wurde eine zweiwöchige Frist zur Mitteilung meiner Entscheidung gesetzt. Zusätzlich wurde das von mir vorgelegte psychiatrische Gutachten in Zweifel gezogen, mit der Begründung, dass die Psychiaterin aufgrund der entstandenen Arzt-Patient-Beziehung nicht die notwendige gutachterliche Unabhängigkeit und Neutralität habe. Ich fasste es einfach nicht. Jetzt wurde der Psychiaterin auch noch unterstellt, keine korrekte Diagnose erstellen zu können. Das war dreist. Was musste ich mir eigentlich noch gefallen lassen? Was war denn bloß im Vorfeld vorgefallen, dass die Amtsärztin sich dermaßen auf das Thema „Psyche" eingeschossen hatte – und zwar bereits von Anfang an, ohne mich bzw. meine Geschichte zu kennen - und mein Dienstherr das Spiel auch noch mitspielte? Mir reichte es auf jeden Fall. Seit meinem Termin im Gesundheitsamt waren inzwischen über drei Monate vergangen, in denen man mir permanent Unrecht tat. Ich wollte mich eigentlich auf meine Gesundheit konzentrieren, stattdessen studierte ich Unmengen von Fachliteratur und Rechtsprechung, beriet mich mit meinem Anwalt und vertrauten Kollegen, die den ganzen Vorgang auch nicht nachvollziehen konnten. Nicht gerade gesundheitsförderlich, aber ich hatte keine andere Wahl, ich musste für meine Rechte kämpfen.

Nachdem mir mit dem letzten Schreiben meines Dienstherrn eine Frist gesetzt worden war, musste ich damit rechnen, dass anschließend dienstordnungsrechtliche Schritte folgen würden. Um das zu verhindern, musste ich leider härtere Geschütze auffahren. Ich bat meinen Anwalt, gegen die neuerliche Anordnung mich einer neuropsychiatrischen Begutachtung zu unterziehen, Widerspruch einzulegen und gleichzeitig beim Verwaltungsgericht einen Antrag auf Erlass einer einstweiligen Anordnung zu stellen, um meine Rechte zu wahren und mich vor dienstordnungsrechtlichen Maßnahmen zu schützen. Inzwischen war es Mitte Dezember und eigentlich sollte man in dieser Zeit in Adventsstimmung sein. Davon war ich weit entfernt. Können Sie sich das vorstellen, rechtliche Schritte gegen den eigenen Arbeitgeber einzuleiten, nachdem Sie 19 Jahre dort gearbeitet haben? Das fühlte sich dermaßen abartig an, dafür hatte ich gar keine Worte. Das Ganze bescherte mir einige schlaflose Nächte. Ich hoffte immer noch auf einen Anruf und eine außergerichtliche Einigung. Ein solcher Anruf kam aber leider nicht. Stattdessen erhielt ich kurz darauf die Eingangsbestätigung meines Widerspruches. Ich wurde darauf hingewiesen, dass es sich bei der Aufforderung an einen Beamten, sich einer ärztlichen Untersuchung zu unterziehen, nicht um einen Verwaltungsakt handele, sondern um eine gemischte dienstlich-persönliche Weisung. Insofern müsse man meinen Widerspruch als unzulässig zurückweisen, falls ich an einer rechtsmittelfähigen Bescheidung festhalte. Ich musste das Schreiben dreimal lesen, das war doch wohl nicht deren Ernst? Man wollte mir also tatsächlich erklären, dass ich gegen die Anordnung keinen Widerspruch einlegen kann. Selbstverständlich handelt es sich bei dieser Anordnung nicht um einen Verwaltungsakt, aber dennoch hat der Gesetzgeber ganz klar geregelt, dass bei allen beamtenrechtlichen Streitigkeiten, vorab ein Widerspruchsverfahren durchzuführen ist. Dies steht ausdrücklich im Gesetz. Ich habe selber nie in der Personalabteilung gearbeitet, aber mir war diese Regelung bekannt. Daher musste ich dieses Wissen eigentlich auch von der Person erwarten können, die diesen Brief unterschrieben hatte. Wäre die Auffassung meines Dienstherrn hier zutreffend, würde das ja bedeuten, dass ein Beamter keine rechtliche Möglichkeit hat, sich gegen fehlerhafte Anordnungen zu wehren. Das wäre sicher nicht im Sinne des Erfinders.

Irgendwie war die ganze Sache völlig verrückt. Mein Dienstherr hatte Zweifel an meiner Dienstfähigkeit, sonst hätte er das Verfahren ja nicht eingeleitet. Und ich hatte nach nunmehr 5 Monaten Arbeitsunfähigkeit auch erkannt, dass meine gesundheitliche Verfassung in nächster Zeit kein geregeltes Arbeitsleben zulassen würde. Ich wusste, dass ich mir dieses Mal die Zeit geben musste, wieder richtig auf die Beine zu kommen, um eine kleine Chance auf dauerhafte Besserung zu haben. Also wollten beide Seiten eigentlich das Gleiche. Die von mir vorgelegten Unterlagen belegten mein Krankheitsbild zweifelsfrei. Sechs Ärzte aus unterschiedlichsten Fachrichtungen, die sich zum Teil seit Jahrzehnten mit dieser Art der Verletzung und ihren Folgen beschäftigen, haben Stellungnahmen abgegeben oder Beurteilungen erstellt. Damit hätte man problemlos eine Entscheidung treffen können. Aber aus mir unerklärlichem Grund hielt man sich seit September an der Frage der Psyche auf. Das war alles höchst unbefriedigend. Ich war wütend und verletzt zugleich und bin es auch heute noch. Wenn ich körperlich könnte, würde ich auf einen Boxsack einschlagen, um meiner Wut Luft zu machen. Ich habe während meines ganzen Arbeitslebens niemals jemandem den Anlass gegeben, an meiner psychischen Verfassung zu zweifeln. Was sollte das jetzt also? Mit Ausnahme der Amtsärztin, hatten die in diesem Verfahren handelnden Personen allesamt in der Vergangenheit miterlebt, wie ich kämpfte und suchte, um meine Beschwerden zu ergründen und wie erleichtert ich war, als ich 2007 endlich eine Erklärung bekam. Wieso verletzten sie mich so? Ich weiß, dass ich kein Einzelfall bin, dass viele Personen, mit ungewöhnlichen oder seltenen Krankheiten schnell abgestempelt werden, aber nur, weil es öfter geschieht, wird es dadurch ja nicht richtig. Gerade in einem so weitreichenden Verfahren, wie der Überprüfung der Dienstfähigkeit, sollte man sich die Mühe machen, die Krankheit der Betroffenen zu verstehen und sich damit auseinander zu setzen. Seitens eines Diplom-Psychologen wurde es wie folgt ausgedrückt: „Denn eine einseitige Betrachtung durch eine rein psychiatrisch gefärbte Brille ist angesichts der Datenlage wissenschaftlich nicht nachvollziehbar und wird auch nicht den Betroffenen gerecht, die hart darum kämpfen, trotz oder mit ihren Defiziten möglichst gut im beruflichen und sozialen Leben integriert zu bleiben."[30]

Aufgrund der sehr eindeutigen Rechtsprechung zum Thema „Psychiatrische Begutachtungen", zum einen wiederholt durch das Bundesverwaltungsgericht, aber auch durch das örtlich zuständige Oberverwaltungsgericht, musste man eigentlich nicht damit rechnen, selber rechtliche Schritte einleiten zu müssen, aber wie beschrieben, ging es leider nicht anders. Wir reichten einen umfassenden, 26-seitigen Schriftsatz ein, zuzüglich sämtlicher medizinischer Befunde und ärztlicher Stellungnahmen als Anlage. Einen Tag vor Weihnachten erhielt ich die Entscheidung des Verwaltungsgerichts. Es war ein Sieg auf ganzer Linie. Das Verwaltungsgericht entschied im Rahmen der einstweiligen Anordnung, dass ich die Untersuchungsanordnung meines Dienstherrn bis zum rechtskräftigen Abschluss in der Hauptsache (also des Widerspruchsverfahrens) nicht befolgen muss. Begründet wurde dies damit, dass die Anordnung zur Untersuchung rechtswidrig sei und mich in meinen Grundrechten verletze. Im Einzelnen heißt es:

„Die Untersuchungsanordnung genügt nicht den an sie zu stellenden inhaltlichen und formellen Anforderungen. Nach den hierzu in der Rechtsprechung entwickelten Grundsätzen muss die Anordnung unter anderem Angaben zu Art und Umfang der ärztlichen Untersuchung enthalten. Nur wenn in der Aufforderung selbst Art und Umfang der geforderten ärztlichen Untersuchung nachvollziehbar sind, kann der Betroffene auch nach Maßgabe des Grundsatzes der Verhältnismäßigkeit ihre Rechtmäßigkeit überprüfen. Gemessen hieran hält die Untersuchungsanordnung des Antragsgegners der rechtlichen Überprüfung nicht stand."

Das Verwaltungsgericht äußert sich auch zu der Aussage meines Dienstherrn, dass die von mir beauftragte Psychiaterin nicht die notwendige gutachterliche Unabhängigkeit und Neutralität habe und man daher ihr Gutachten nicht akzeptieren könne:

„Die Richtigkeit dieser Diagnose kann der Antragsgegner nicht allein mit dem Hinweis in Zweifel ziehen,

mit dem Untersuchungsauftrag sei eine sogenannte Patient-Arzt-Beziehung entstanden. Es besteht nämlich kein allgemeiner Erfahrungssatz, Ärzte würden aufgrund ihrer positiven Grundhaltung gegenüber ihren Patienten unzutreffende Diagnosen stellen. Bei dieser Sachlage bleibt es mit Blick auf die bei der Antragstellerin unstreitig festgestellten Erkrankung der Halswirbelsäule im Ergebnis unklar, mit welcher Zielrichtung und in welchem Umfang die streitgegenständliche Zusatzuntersuchung durchgeführt werden soll."

Das bedeutete also für mich, dass ich zunächst vor dienstordnungsrechtlichen Konsequenzen geschützt war. Damit war ich erst mal zufrieden und ging davon aus, dass man die Anordnung aufgrund ihrer Rechtswidrigkeit nun zurücknehmen und eine Entscheidung auf der Grundlage der vorgelegten medizinischen Unterlagen treffen würde. Aber nichts dergleichen geschah. Da mich das ganze Verfahren sehr belastete, versuchten wir es Anfang Januar 2016 mit einer direkten Ansprache des Behördenleiters und hofften so, endlich zu einer Entscheidung zu gelangen. In diesem Schriftsatz wurde der Behördenleiter gebeten, das Verfahren nun schnellstmöglich zu beenden, da alle entscheidungsrelevanten Unterlagen vorliegen. Mit Hinweis auf die Entscheidung des Verwaltungsgerichtes wurde er außerdem aufgefordert, den mit dem Sachverhalt betrauten Mitarbeiterinnen und Mitarbeitern zu untersagen, weiterhin zu behaupten, meine Erkrankung sei körperlich nicht zu erklären.

Mit gesundem Menschenverstand betrachtet, würde man eigentlich denken, dass der Behördenleiter sich mit dem Wissen, dass das Verhalten seiner Behörde mir gegenüber rechtswidrig war und er dies auch mehr als deutlich durch einen Gerichtsbeschluss mitgeteilt bekam, nun bemühen würde, einen versöhnlichen Weg zu finden. Das war leider nicht der Fall. Positiv an dem Schreiben, welches ich Ende Januar 2016 erhielt, war die Tatsache, dass man meinem Widerspruch abhalf und mir mitteilte, dass die Anordnung zur neurologisch-psychiatrischen Zusatzbegutachtung als gegenstandslos anzusehen sei. Damit hätte man es bewenden lassen und das Verfahren zu einer Entscheidung bringen können. Stattdessen teilte der Behördenleiter mir mit, dass er meine Sichtweise nicht teile. Die Aufforderung, nicht weiter zu behaupten, meine Erkrankung sei körperlich nicht zu erklären, fand kein Gehör. Aber was war denn an meiner Sichtweise nicht zu verstehen? Ich musste mich grundlos und ohne jedwede Erklärung von der Amtsärztin verleumden lassen, was zuletzt noch darin gipfelte, dass man versuchte, eine rechtswidrige Anordnung mit Zwangsmitteln durchzusetzen, so dass mir als einziger Ausweg der Rechtsweg blieb. Dass ich darüber erzürnt war und meiner Entrüstung auch Luft machte, sollte eigentlich niemanden wundern. Ich hatte wahrlich genug mit meiner Gesundheit zu tun, diese Auseinandersetzung konnte ich eigentlich nicht auch noch gebrauchen. Aber ich konnte und wollte mir diese Psychiatrisierung nicht gefallen lassen. Es machte mich fassungslos, dass die Amtsärztin diese These ohne einen entsprechenden Anhaltspunkt dafür zu haben, aufstellen konnte und niemand mir zur Seite sprang. Vielmehr war mein Dienstherr damit beschäftigt, den Willen der Amtsärztin durchzudrücken, anstatt sich die rechtliche Lage mal genauer anzuschauen. Ich hatte keine Vorstellung, durch wie viele Hände die Schriftsätze, die sich vermehrt mit dem Thema „Psyche" beschäftigten, gegangen waren. Vermutlich eine ganze Menge, wenn ich nur an die Poststelle, das Vorzimmer der Behördenleitung und die Personalabteilung denke. Wunderbar, so konnten ganz viele Kolleginnen und Kollegen an den merkwürdigen Gedanken der Amtsärztin teilhaben. Das ist beschämend und erniedrigend. Insofern müsste man meine Aufforderung an den Behördenleiter, den mit meinem Fall betrauten Mitarbeiterinnen und Mitarbeitern weitere Ausführungen in dieser Hinsicht zu untersagen, eigentlich verstehen können. Eine unwahre und unbegründete Behauptung ist schlichtweg eine Verleumdung und das wollte ich unterbinden. Schade, dass der Behördenleiter das nicht verstehen wollte. Vielleicht hätte ich das Ganze im Rahmen einer einstweiligen Verfügung durchsetzen sollen. Aber das hätte wieder rechtliche Schritte bedeutet und das war mir damals zuwider. Es bleibt ja immer noch der Gedanke daran, mit diesen Menschen womöglich wieder zusammen arbeiten zu müssen. Heute sehe ich das anders. Ich hätte härtere Geschütze auffahren sollen, um den verantwortlichen Personen gerichtlich diesbezügliche Aussagen zu verbieten. Aber hinterher ist man immer schlauer.

Da wir nach dem Schreiben von Ende Januar noch immer nicht wussten, wie es weiter gehen sollte, suchten wir nochmals das Gespräch mit dem Behördenleiter. Ich hing seit Einleitung des Verfahrens inzwischen seit fünf Monaten in der Luft, was meine berufliche Zukunft anging und sehnte mich nach einer Entscheidung. Den Rückruf des Behördenleiters nahm mein Mann in Vertretung meines Anwaltes entgegen. Der Behördenleiter erklärte, dass er entschieden habe, dass das neuropsychiatrische Gutachten vom Tisch sei. Er stellte das so dar, als sei es eine gnädige Entscheidung seinerseits gewesen. Dass ihm eigentlich bereits das Verwaltungsgericht die Entscheidung abgenommen hatte, wollte er nicht hören. Vielmehr forderte er nun eine klare Linie im Verfahren und wollte jetzt plötzlich ein orthopädisches Sachverständigengutachten. Er erklärte, man werde einen Spezialisten auswählen, von dem ich mich dann begutachten lassen müsse. Mein Mann bat daraufhin um Verständnis, dass es für mich gesundheitlich nicht besonders zuträglich sei, wenn

noch ein weiterer Gutachter mein Kopfgelenk anschaue, zumal doch eindeutige orthopädischen
Befunde bereits vorlagen. Aber das wurde abge-
schmettert. Wenn uns das nicht passen würde,
müssten wir halt dagegen klagen, war die Antwort. Dabei hat doch das Ganze nichts damit zu
tun, ob mir etwas passt oder nicht. Vielmehr geht
es doch darum, ob Recht und Gesetz eingehalten
werden. Das Telefonat endete ergebnislos.

Inzwischen war es also Februar geworden. Ich
hatte in den vergangenen Monaten verschiedene
Verhaltensmuster ausprobiert, um zu ermitteln,
womit es mir am besten geht. Die Zeit, in der ich
ganz vorsichtig fast ausschließlich auf dem Sofa
gesessen habe, um bloß keine Bewegungsfehler zu
machen, war nicht sehr erfolgsversprechend ver-
laufen. Also habe ich eine neue Variante ausprobiert: ich versuchte meine täglichen Sitzzeiten auf
ein Minimum zu reduzieren. Im Grunde saß ich
nur noch während der Mahlzeiten und gönnte mir
darüber hinaus lediglich kleine Sitzpausen. Zum
Teil habe ich sogar im Stehen, bzw. hin und herge-
hend, Fernsehen geschaut. Ich habe so versucht,
meinen Körper tagsüber durchgängig in Bewegung zu halten, um die für mein Kopfgelenk unge-
liebte starre Sitzposition zu vermeiden. Wie Sie
sich vorstellen können, war das auch nicht besonders praktikabel, da ich irgendwann von diesen
ganzen hin und her müde wurde.

Mittlerweile bin ich dazu übergegangen, immer noch einen Großteil des Tages in Bewegung zu verbringen, mir aber dennoch ausreichend Sitz- oder nach Möglichkeit sogar Liegepausen zu gönnen, um nicht bereits um 17:00 Uhr völlig erschöpft zu sein. Das scheint bislang der beste Weg zu sein, starre Körperhaltungen zu vermeiden. Lässig ausgedrückt: "Ich muss immer im flow sein". Ich teile mir meine Hausarbeit in kleine Portionen ein, so dass ich diese - für mich zumeist sehr belastenden Tätigkeiten - immer nur in geringen Dosen durchführen muss. Das Saugen der Zimmer, teile ich mir nach Möglichkeit auf zwei Tage auf, damit die Belastung nicht auf einen Schlag zu groß wird. Am liebsten ist es mir aber natürlich, wenn mein Mann diese Aufgabe übernimmt. Gebügelt wird beispielsweise auch nur in kleinen Etappen. Diese Aufteilung halte ich relativ penibel für die ganze Hausarbeit ein, um eine Überbelastung zu vermeiden. Dennoch gibt es weiterhin Arbeiten, die ich gar nicht machen kann. Fürs Fensterputzen zum Beispiel ködere ich meistens meine Mutter mit einer Tasse Cappuccino. Insgesamt versuche ich also, mich sehr umsichtig zu verhalten, um möglichst unbeschadet durch den Tag zu kommen. Das klappt allerdings nur bedingt.

Was ich mir zwischenzeitlich fast ganz verboten habe, ist das Sitzen vor dem Computer. Ich habe mir extra eine Konstruktion zusammengebastelt, worauf der Laptop in einer nackenfreundlichen Position angebracht ist. Tastatur und Maus sind funkgesteuert, um mir so mehr Bewegungsfreiheit zu bieten. Dennoch ist das längere Sitzen vor dem Gerät nicht förderlich bzw. eher schädlich für meine Nackengesundheit. Ganz besonders schlimm reagiere ich auf die Nutzung eines Tablet-PCs. Die Nutzung ist zwar sehr verlockend, aber das Halten des Gerätes in Verbindung mit dem nach unten gerichteten Blick darauf, rächt sich nach ca. 30 Minuten. Um an diesen Punkt gar nicht erst zu kommen, habe ich mir selber ein Zeitlimit von 15 Minuten auferlegt. Mit dem Smartphone geht es etwas besser, da das Gewicht keine besondere Rolle spielt. Aber der längere Blick nach unten auf einen Gegenstand in meiner Hand sollte ich trotzdem vermeiden.

Insgesamt gab ich mir also so viel Mühe, wie ich konnte, um mich körperlich zu stabilisieren und weitere Rückfälle zu vermeiden. Meinen Trainingsumfang konnte ich nach und nach in ganz kleinen Schritten steigern, zwischenzeitlich gingen 21 Minuten auf dem Laufband. Zusätzlich half meine Physiotherapeutin mir, den angeschlagenen Körper so gut wie möglich wieder ins Lot zu bekommen, was aber leider immer noch sehr viel Arbeit war. Ich bemühte mich also nach Kräften. Aber leider wurden mir durch das Verfahren zur Überprüfung meiner Dienstfähigkeit immer wieder Tiefschläge verpasst, die mich unnötig belasteten. Mitte Februar 2016 kam dann tatsächlich die Anordnung zu einer orthopädischen Zusatzbegutachtung. Vielleicht ahnen Sie es schon, diese Anordnung war ebenfalls rechtswidrig, sie entsprach nicht dem Grundsatz der Verhältnismäßigkeit und genügte nicht den notwendigen formellen und materiellen Anforderungen. Mal wieder gab es keine ausreichende Begründung, sondern nur die Aussage, dass momentan noch keine abschließende Beurteilung der Dienstfähigkeit möglich sei. Aus ämtsärztlicher Sicht sei es derzeit nicht erkennbar, dass die HWS-Erkrankung geeignet sei, das Beschwerdebild und die Fehlzeiten hinreichend zu erklären. Eine Erklärung für diese Aussage blieb man mir mal wieder schuldig. Wenn man bedenkt, dass ursprünglich zur abschließenden Beurteilung der Dienstfähigkeit angeblich nur noch das neuropsychiatrische Gutachten notwendig war, stellt sich nach der neuerlichen Anordnung schon die Frage, weshalb jetzt nochmals etwas ganz anderes gefordert wurde. Zwar erhielt die Amtsärztin nicht das ursprünglich geforderte Gutachten, jedoch eine – laut Verwaltungsgericht nicht anzuzweifelnde – fachpsychiatrische Stellungnahme. Somit lagen ihren eigenen Worten nach, eigentlich alle entscheidungsrelevanten Fakten vor. Warum also traf die Amtsärztin keine Entscheidung? Diese Frage stellt sich insbesondere auch vor dem Hintergrund, dass die von mir vorgelegten Unterlagen bislang nicht angezweifelt wurden. Das war alles sehr merkwürdig. Während des nunmehr fünfmonatigen Verfahrens hatte die Amtsärztin sich kein einziges Mal inhaltlich zu den vor mir vorgelegten Unterlagen geäußert. Sie teilte lediglich mit, dass sich das Krankheitsbild aus ihrer Sicht nicht hinreichend erkläre. Warum es sich ihr nicht hinreichend erklärte, weiß ich bis heute nicht. Es wurde nie ein medizinischer Grund genannt, weshalb die Ausführungen aus den ärztlichen Gutachten nicht zutreffen sollten. Weder auf die Stellungnahme des Orthopäden, noch auf den radiologischen Bericht oder die Ergebnisse der neurootologischen Untersuchung ging sie ein. Auch wurde nie das Gespräch mit meinen Ärzten gesucht, um sich über das Krankheitsbild auszutauschen. Meiner Meinung nach, ist es ein bisschen zu einfach, pauschal zu behaupten, dass sich etwas nicht erklärt. Das hat etwas von „Basta-Mentalität". Darüber hinaus ist diese Vorgehensweise natürlich auch aus rechtlicher Sicht nicht tragbar. Es blieb mir mal wieder nichts anderes übrig, als gegen diese Anordnung ebenfalls Widerspruch einzulegen. Neben dem rechtlichen Aspekt, musste ich dies schon aus Gründen des Selbstschutzes machen. Zum einen hatte mein Dienstherr einen orthopädischen Gutachter ausgesucht, der meiner Kenntnis nach schwerpunktmäßig unfallchirurgisch praktizierte und daher nicht klar war, ob er überhaupt Erfahrungen mit der konservativen Behandlung von Kopfgelenksinstabilitäten hat. So viel zum Thema: „Wir suchen einen absoluten Experten aus", wie es der Behördenleiter meinem Mann gegenüber angegeben hatte. Zum anderen hatte ich einfach furchtbare Angst davor, mich nochmals am Kopfgelenk untersuchen zu lassen. Wer die Problematik schon mal am eigenen Körper erfahren hat, der weiß, dass jede Drehung, Manipulation etc. immer unangenehme Folgen nach sich zieht. Nach den bildgebenden Beweisen durch das Upright-MRT war ich so froh, erst mal keine manuellen Untersuchungen mehr zu benötigen, da das Verletzungsmuster nun auf den MRT-Bildern zu erkennen ist. Und jetzt sollte ich mich trotzdem noch mal untersuchen lassen, das trieb mir den Angstschweiß auf die Stirn und mal wieder die Wut in den Bauch. Zumal die an den Gutachter gestellten Fragen, die mir mit der Anordnung vorgelegt wurden, keine Aussagen zum Umfang der gewünschten Untersuchung trafen. Es hieß z.B. lediglich: „Welche Diagnose(n) auf orthopädischem Fachgebiet liegen vor?" Insofern wäre ich dem Gutachter mehr oder weniger ausgeliefert gewesen, er hätte alles mögliche untersuchen können. Zwei Tage später erhielt ich die Eingangsbestätigung meines Widerspruches, sonst geschah mal wieder nichts.

Ich war mir zwar sicher, dass ich rechtlich auf der sicheren Seite war, aber das alleine hilft ja nicht darüber hinweg, dass ich bei dem bisherigen Verlauf des Verfahrens mit neuen Überraschungen rechnen musste. Half man meinem Widerspruch nicht ab, müsste ich den Klageweg beschreiten. Das Ganze zerrte an meinen Nerven. Der emotionale Stress, der Ärger über die Ungerechtigkeit und die Ungewissheit über meine berufliche Zukunft setzten mir zu. Ich hatte eine Haut, wie ein pubertierender Teenager und gesegneter Schlaf sieht auch anders aus. Ich konnte machen, was ich wollte, alle Bemühungen, meinen Körper zu stabilisieren wurden durch das leidige Verfahren unterwandert. Als ich mit einer engen Freundin und Kollegin sprach, drücke sie genau das aus, was ich auch empfand: „Immer wenn ich mit dir telefoniert habe, bin ich so wütend über das Ganze, dass ich am liebsten dort hingehen und schreien würde: was soll das eigentlich, was ihr mit der Simone macht?" Ja, so ging es mir auch. Immer wieder stieg der Gedanke in mir hoch, einfach hinzufahren und mir mal so richtig Luft zu machen. Es musste doch noch eine Person geben, mit der man vernünftig reden konnte. Am liebsten würde ich mit den handelnden Personen mal für einen Monat tauschen, damit sie am eigenen Leib erfahren können, wie es ist, mit einer Kopfgelenksinstabilität zu leben.

Es war eine schlimme Zeit, im ersten Vierteljahr 2016. Ich konnte noch nie gut mit Ungerechtigkeit umgehen, und jetzt traf es mich selbst. Ich weinte oft und war verzweifelt, weil ich fürchtete, dass das Verfahren nur im Rechtsstreit zu beenden wäre und der könnte ewig dauern. Es war schwer, sich auf irgendetwas anderes zu konzentrieren, da man ständig damit rechnen musste, das der nächste Hammer in der Post lag.

Es verging Woche um Woche und nichts geschah. Ich erhielt keinerlei Rückmeldung, was mit meinem Widerspruch geschieht oder wie es in dem Verfahren weitergeht. Nichts, einfach „Schweigen im Walde". Das strapazierte meine Nerven. Gleichzeitig hatte ich auch ein furchtbar schlechtes Gewissen. Meine armen Kollegen mussten nun bereits seit Monaten auf mich verzichten und eine Entscheidung über die Dienstfähigkeit war noch immer nicht in Sicht. Das bedeutete natürlich auch, dass meine Stelle so lange vakant blieb und die Kollegen weiterhin meinen Anteil übernehmen mussten. Ich traute mich schon fast gar nicht mehr anzurufen, da ich jedes Mal sagen musste: „Ich weiß immer noch nichts Neues."

Ende März waren die Planungen für die Untätigkeitsklage im vollen Gange – das wäre unsere einzige Möglichkeit gewesen, eine Entscheidung zu erzwingen – als mein Mann völlig unerwartet am 30.03.2016 einen Anruf erhielt. Der neue Personalchef teilte ihm mit, dass man beabsichtige, mich mit Ablauf des Monats April 2016 wegen Dienstunfähigkeit zunächst für die Dauer von zwei Jahren in den Ruhestand zu versetzen. Ein entsprechendes Schreiben kam noch am gleichen Tag per

Fax. Die Begründung lautete wie folgt: „Der bisherige Krankheitsverlauf mit zunehmenden krankheitsbedingten Fehlzeiten, die gescheiterten beruflichen Wiedereingliederungsmaßnahmen im Jahr 2015, sowie die fortgesetzte Krankschreibung, lassen nicht erwarten, dass in absehbarer Zeit eine Wiederherstellung einer dauerhaften Dienstfähigkeit erfolgt." Damit wurde Bezug genommen auf § 26 Beamtenstatusgesetz in Verbindung mit § 44 Landesbeamtengesetz Rheinland-Pfalz, wonach ein Beamter als dienstunfähig anzusehen ist, wenn er in einem Zeitraum von sechs Monaten länger als drei Monate erkrankt war und mit der Wiederherstellung der Dienstfähigkeit in weiteren sechs Monaten nicht zu rechnen ist. Als mein Mann mir am Telefon die Nachricht mitteilte, konnte ich mich nicht mehr zurückhalten und ließ den Tränen freien Lauf. Die Last der vergangenen knapp sieben Monate fiel ab – zumindest schon mal ein bisschen – und ich konnte es kaum glauben, dass dieser Wahnsinn endlich ein Ende haben sollte. Wenn man von dem desaströsen Nikolaustag im Jahr 2014 ausgeht, waren es bis hierhin insgesamt fünfzehn extreme Monate gewesen. Es sollte auch noch eine ganze Weile dauern, bis ich das verdauen würde.

Plötzlich ging alles ganz schnell. Ich musste bezogen auf die geplante Ruhestandsversetzung Rechtsmittelverzicht erklären, damit die Fristen zur Berechnung und Auszahlung meiner Versorgungsbezüge eingehalten werden konnten. Kurze Zeit später hatte ich auch bereits meine Verfügung über die Versetzung in den Ruhestand in der Post. Nachdem ich die Empfangsbestätigung zurückgeschickt hatte, war es also amtlich: Rentnerin mit 39. Das musste ich erst mal verdauen. So sehr ich mich auch danach gesehnt hatte, endlich die oberste Priorität auf meine Gesundheit legen zu können und genug Zeit zum Stabilisieren zu erhalten, so komisch fühlte es sich aber auch an, als es plötzlich offiziell war. Aber Zeit für irgendwelche Identitätskrisen hatte ich erst mal nicht. Zum einen war ich immer noch viel zu sehr mit meiner Gesundheit beschäftigt, zum anderen mussten nun eine ganze Menge Dinge geregelt werden. Durch die befristete Ruhestandsversetzung änderte sich das Verhältnis von privater Krankenversicherung zur Beihilfe, so dass dort diverse Änderungsanträge gestellt werden mussten. Außerdem musste ich meine private Dienstunfähigkeitsversicherung – die ich mit 19 Jahren abgeschlossen hatte, ohne einen Gedanken daran zu verschwenden, diese jemals zu benötigen – über den Stand der Dinge informieren. Zuletzt mussten auch noch verschiedene Auskünfte an die Versorgungskasse erteilt werden. Ich war also gut damit beschäftigt, meine finanziellen Angelegenheiten zu regeln.

Dennoch war ich natürlich daran interessiert, das ausschlaggebende amtsärztliche Gutachten zu lesen. Insgesamt dreimal musste mein Anwalt nachfragen, bis es mir endlich Ende April 2016 zur Verfügung gestellt wurde. Beim Lesen dieses Schreibens wurde schnell klar, weshalb man seitens der Behörde so lange gezögert hatte, es mir vorzulegen: die Amtsärztin hatte sich mal wieder einen Hammer geleistet. Sie äußerte sich in ihrer Stellungnahme an die Personalabteilung wie folgt: „Aus amtsärztlicher Sicht ist die Beschwerdesymptomatik durch die organische Erkrankung allein nicht hinreichend erklärt, es besteht der Verdacht einer psychischen Komponente." Mein erster Gedanke war: „Das hat sie nicht wirklich geschrieben, oder?", ich musste mich verlesen haben. Leider nicht, so stand es in der Stellungnahme, die ich an verschiedenen behördlichen Stellen vorlegen musste. Die Amtsärztin besaß allen Ernstes die Dreistigkeit, mir weiterhin psychische Probleme zu unterstellen und das trotz der Entscheidung des Verwaltungsgerichts und der vorliegenden fachpsychiatrischen Stellungnahme. Was soll man denn dazu noch sagen? Natürlich hatte sie ihren Verdacht auch dieses Mal nicht begründet, aber das kannte ich ja schon. Damit aber nicht genug, sie brachte außerdem zu Papier, ich hätte mich geweigert, mich weitergehend zusatzbegutachten zu lassen. Dabei ließ sie jedoch völlig außer Acht, dass beide Anordnungen hinsichtlich der Zusatzbegutachtungen rechtswidrig waren und ich diese daher gar nicht befolgen musste. Ich wusste gar nicht mehr, ob ich darüber Lachen oder Weinen sollte, die Frau regte mich einfach auf. Wie konnte man sich dermaßen verbissen an dem Thema Psyche festkrallen, ohne jemals eine entsprechende Erklärung dazu abzugeben? Das Ganze war so mühsam und ich hatte eigentlich keine Lust mehr, mich damit auseinander zu setzen. Dennoch musste ich abwägen, ob ich das gesamte Verfahren wieder aufrolle, indem ich das Gutachten angreife - ich hatte zwar auf Rechtsmittel gegen die Versetzung in den Ruhestand verzichtet, das Gutachten hätte ich trotzdem isoliert angreifen können – oder ob ich es einfach so hinnehme.

Letztlich entschied ich mich dafür, es so hinzunehmen. In den ersten Jahren meiner Erkrankung hatte mir eine weise Frau geraten: „Verschwende deine Energie nicht in sinnlosen Kämpfen, sondern kümmere dich um deine Gesundheit." Den Rat beherzigte ich.

Aber so ganz konnte ich die Vorgänge natürlich nicht auf sich beruhen lassen. Zu verletzend war das gesamte Vorgehen gewesen. Zunächst dachte ich über strafrechtliche Schritte nach, eine Anzeige wegen Verleumdung beispielsweise. Ich war zweimal ganz kurz davor, meinen Mann zu bitten, die Strafanzeige zu formulieren. Aber nach den tränenreichen und kräftezehrenden letzten Monaten hatte ich ganz einfach keine Lust mehr auf weitere rechtliche Auseinandersetzungen. Was würde es mir bringen, wenn die Amtsärztin aufgrund ihrer verleumdenden Äußerungen eine Geldstrafe zu zahlen hätte? Wenn es überhaupt so weit käme, würde das meine körperliche Verfassung auch nicht verbessern, auf die ich mich nun endlich mal ausführlich konzentrieren wollte. Auch mein beschädigter Ruf wäre damit nicht wiederhergestellt. Letztlich hielt mich auch die Tatsache, dass ich die vermeintlichen Verursacher des ganzen Verfahrensdesasters damit auch nicht zur Rechenschaft ziehen könnte, von rechtlichen Schritten ab. Derjenige, der die falschen Informationen mit großer Wahrscheinlichkeit weitergeleitet hatte, war auf diese Art nicht zu packen und die Behördenleitung, die sich mir gegenüber so verletzend verhalten hatte, natürlich auch nicht. Also entschied ich mich dafür, meine Energie lieber anderweitig einzusetzen und verzichtete auf rechtliche Schritte. Um meinem Unmut aber zumindest etwas Luft zu machen, legte ich eine Dienstaufsichtsbeschwerde gegen die Amtsärztin ein, in der Hoffnung, dass so behördenintern zumindest mal die Vorgänge aufgearbeitet würden. Ich hatte mir vorher den Begutachtungsauftrag in meiner Personalakte zeigen lassen, um sicherzustellen, dass dieser korrekt war und nicht bereits falsche Informationen enthielt. Das hätte mir in die Karten gespielt, wäre aber wohl zu einfach gewesen. Also formulierte ich die Dienstaufsichtsbeschwerde und erläuterte ausführlich über fünf Seiten mein denkwürdiges erstes Zusammentreffen mit der Amtsärztin, sowie den Ablauf des Begutachtungstermins. Ich legte meinen Verdacht dar, dass das Verfahren mit seiner absoluten Fixierung auf das Thema „Psyche", so sicherlich nicht gelaufen wäre, hätte es nicht im Vorfeld Falschinformationen gegeben. Schließlich war es doch eigentlich ein „Ding der Unmöglichkeit", dass jemand völlig stur, alle Fakten ignorierte, aber seinerseits nie eine einzige Begründung für seine Theorie äußerte. Irgendwie musste die Amtsärztin doch auf die falsche Spur gekommen sein. Daher bat ich um Aufklärung, wie es sein konnte, dass die Amtsärztin, ohne mich zu kennen, mir an unserem ersten Zusammentreffen bei Abgabe meiner medizinischen Unterlagen, diese merkwürdigen Fragen gestellt hatte.

Ich wartete gespannt auf die Antwort. Gut, ich kenne natürlich auch die inoffizielle Definition einer Dienstaufsichtsbeschwerde: „Formlos, Fristlos und Fruchtlos". Während meiner Zeit im Organisationsreferat hatte ich auch die eine oder andere Dienstaufsichtsbeschwerde zu bearbeiten. Es kommt nicht oft vor, dass diese zu Gunsten des Bürgers ausfallen. Aber neben vielen Querulanten gab es auch immer Bürger, die ihr Anliegen mit Recht vortrugen und die es verdienten, dass man der Sache nachging und die Vorfälle aufklärte. So habe ich damals zumindest meinen Job verstanden. Und so hoffte ich auch in meinem Fall auf ein ordnungsgemäßes Vorgehen. Nach etwa 10 ½ Wochen erhielt ich eine Antwort und diese war mehr als ernüchternd. Das Aufklärungsinteresse der Behörde schien gegen Null zu gehen. Das Antwortschreiben umfasst inklusive Anschrift, Einleitung und Unterschrift gerade mal eine knappe Seite und eine wichtige Kernaussage suchte ich vergeblich. Ich wurde mit einem Standardsatz abgespeist, dass man aus fachlicher Sicht und Würdigung der zur Verfügung stehenden Unterlagen die Beanstandung der gutachterlichen Tätigkeit der Amtsärztin nicht nachvollziehen könne. Man teilte mir mit, dass die Fachlichkeit und Objektivität der Amtsärztin dadurch anerkannt sei, dass man sie auch als Sachverständige in Gerichtsverfahren hinzuziehen könne. Aha, was hatte das Eine denn mit dem Anderen zu tun? Nur weil jemand Amtsarzt ist, hat er immer Recht? Komische Denkweise. Aber dann kam ein Satz, der mir ein Lächeln ins Gesicht zauberte. Darin hieß es: Meine persönliche Bemerkung, in der ich Vertretern des Referates Personalmanagement die Übermittlung von Falschinformationen unterstelle, sei unerheblich und unbegründet. Was war das denn? Hatte sich da etwa jemand in bester Manier eines „Freudschen Versprechers" verraten? Ich hatte zu keiner Zeit und in keinem Schreiben jemals meinen Verdacht personifiziert. Das Wort Personalmanagement war nie gefallen. Damit hatte ich meine Antwort, zumindest zum Teil. Der Ausgangspunkt lag also genau da, wo ich ihn von Anfang an auch vermutet hatte. Das nützte mir zwar insofern nichts, dass ich darauf keine Strafanzeige aufbauen konnte, aber eine innerliche Befriedigung war es trotzdem. Spannend ist in dem ganzen Zusammenhang auch, dass die Amtsärztin bis heute meinen Schilderungen nicht widersprochen hat. Damit ist im Grunde ja belegt, dass die Gespräche zwischen ihr und mir inhaltlich tatsächlich so gelaufen sind, wie ich es dargelegt habe.

Die Hoffnung auf ein Wort des Bedauerns von Seiten der Behördenleitung hatte ich längst begraben, aber ich wollte es mir nicht nehmen lassen, mit einem zweiten Schreiben noch mal klarzustellen, wie ich die Sache sah. Ich wies also darauf hin, dass man das Verfahren wohl kaum als ordnungsgemäß bezeichnen könne, wenn man einen Beschluss des Verwaltungsgerichtes gegen sich habe und man beiden von mir eingereichten Widersprüchen abhelfen musste, da die entsprechenden Anordnungen rechtswidrig waren. Natürlich stellte ich auch die Sache mit dem „Personalmanagement" klar und konnte mir nicht verkneifen, die Aussage als „Freudschen Versprecher" zu bezeichnen. Letztlich brachte ich noch mal mein Unverständnis darüber zum Ausdruck, dass von Anfang an jegliche Neutralität mir gegenüber gefehlt hatte und ich nicht wie eine gleichwertige Mitarbeiterin behandelt wurde. Damit ließ ich es dann bewenden. Eine Antwort erhielt ich nicht mehr. Was wirklich intern abgelaufen ist, werde ich nie ergründen. Ich habe natürlich eine Idee, vieles erschließt sich aus den Erlebnissen der Vergangenheit. Die Puzzleteile fügen sich zusammen. Aber absolute Klarheit gibt es nicht. Ich möchte an dieser Stelle nicht mutmaßen, sondern überlasse es Ihnen, sich eine eigene Meinung zu den Geschehnissen zu bilden.

Ich habe sehr damit zu kämpfen, dass ich in der Sache keine Gerechtigkeit erfahren werde, dass mir niemand ehrlich erklären wird, weshalb ich so behandelt wurde und was im Vorfeld gelaufen ist. Ich bin immer noch unglaublich wütend über den ganzen Verfahrensablauf, enttäuscht und verletzt. Aber damit werde ich wohl leben müssen. Das macht einen eventuellen Wiedereinstieg in den Dienst nicht gerade leicht. Aber sollte es so kommen, werde ich es meistern. Ich habe mir nichts vorzuwerfen. Ich habe nur meine Rechte verteidigt, so, wie ich es jedem raten und ich es auch immer wieder tun würde.

Dienstunfähig – und nun?

So, ich bin also dienstunfähig. Und jetzt? Ich habe mir eine ganze Menge Gedanken gemacht und mir selber viele Fragen gestellt.

Unter anderem:

- Worauf muss ich achten, um weitere schlimme Rückfälle zu vermeiden?
- Was muss ich tun, um eine gesundheitliche Verbesserung zu erzielen?
- Wie sieht der bestmögliche Zustand aus, den ich erreichen kann?
- Was fange ich mit der vielen freien Zeit an?

Zunächst habe ich mich mit den Dingen befasst, die klar sind. Dazu gehört leider auch die Tatsache, dass sich an meiner Grunderkrankung nichts ändern wird. Die Kopfgelenksinstabilität ist da und die sekundäre Mitochondropathie auch. Heilbar ist das Ganze nicht. Wortwörtlich stand es in meinen medizinischen Unterlagen so: „Die Instabilität des Genickgelenkes ist nicht kausal therapierbar." Auch die Literatur äußert sich entsprechend: „Ist ein Halteband einmal überdehnt oder eingerissen, wird es nie mehr seine optimale Festigkeit haben."[31], „Eine Verletzung des Ligamentum transversum führt zu einer Instabilität des

Dens in ventrodorsaler Richtung."[32] In meinem Fall gibt es keinen operativen Ansatz, worüber ich im Grunde sehr froh bin. Eine Operation würde eine Versteifung der entsprechenden Halssegmente bedeuten, was wieder mit Einschränkungen verbunden wäre. Außerdem sind solche Versteifungen nie förderlich für die darunter bzw. darüber liegenden Wirbel, diese verschleißen schneller, zumindest habe ich das so bei Betroffenen erlebt. Insofern bin ich natürlich froh, dass eine solche Operation bei mir nicht notwendig ist. Aber das heißt auch, dass ich mit der Instabilität leben muss. Das weiß ich bereits seit 2009 und habe mich inzwischen mental damit auch soweit arrangiert. Klar gibt es auch Tage, an denen ich durchhänge und meinen Körper verfluche, was aber kein Wunder ist, da ich wirklich jeden Tag mit der Erkrankung konfrontiert werde und das logischerweise nicht immer gleich gut wegstecke. Aber insgesamt betrachtet, versuchte ich von Anfang an, das Bestmögliche aus den Umständen zu machen. Das ist auch heute noch so, aber nicht mehr blind mit dem „Kopf durch die Wand", sondern mit mehr Bedacht und Rücksicht auf die Tagesform. Kurzfristige Erfolge sind mir nicht mehr so wichtig, vielmehr konzentriere ich mich darauf, wie ich langfristig gut mit der Krankheit leben kann. Noch halten sich altersbedingte körperliche Gebrechen in Grenzen, aber die werden kommen und damit meine ich nicht die Falten, wobei die natürlich auch doof sind. Degenerative Verschleißerscheinungen werden mich vermutlich vor Herausforderungen stellen, eventuell wird auch der Trainingseifer mit zunehmendem Alter nachlassen. All das ängstigt mich etwas, auch wenn es noch Zukunftsmusik ist, aber die Frage, wie mein ohnehin schon eingeschränkter Körper mit den zusätzlichen Problemen des Alterungsprozesses umgehen, wie sich das auf mein Kopfgelenk auswirken wird, beschäftigt mich schon.

Meinem Arzt, der mir bereits seit 2007 mit Rat und Tat zur Seite steht, sagte ich vor einiger Zeit, dass ich meine Lebensplanung überdenken müsse. Die totale Fokussierung darauf, meinen Körper auf „arbeitsfähig" zu trimmen, könne nicht alles sein. Ich müsse mir jetzt ernsthaft Gedanken darüber machen, welche Möglichkeiten es noch für mich gebe. Als hätte er nur darauf gewartete, dass ich endlich selber zu dieser Erkenntnis gelange, teilte er mir seine Zustimmung mit. Ich weiß, dass ich in den letzten Jahren sehr viel vom Leben verpasst habe, weil ich einzig und allein darauf fixiert war, arbeiten gehen zu können, wobei das oft reine Quälerei war. Im Moment ist der Denkprozess noch im vollen Gange, aber unabhängig davon kümmere ich mich natürlich um meine Gesundheit und schöpfe alle Möglichkeiten aus.

Seit ich Klarheit über die Diagnose hatte, war die Überprüfung meiner Laborwerte stets wichtig. Das habe ich regelmäßig ein- bis zweimal pro Jahr gemacht, um mögliche Defizite zu erkennen und die Dosierung der Mikronährstoffe entsprechend anpassen zu können. In der Regel variierten die Werte immer mal wieder. Mal war der eine Wert zu niedrig, beim nächsten Mal ein anderer Wert. Es kam auch vor, dass ein Wert über der Norm lag, auch dann wurden die Einnahmemengen angepasst. Das ließ sich alles ganz gut jonglieren. Noch wichtiger war jedoch, dass die Stresswerte nicht „aus dem Ruder liefen", da dies eine direkte negative Auswirkung auf die Mitochondrien hätte. Ebenso wichtig war, dass das ATP-Energielevel im Rahmen meiner Möglichkeiten blieb. Negative Veränderungen in diesen Bereichen wirkten sich spürbar bei mir aus. Aktuell habe ich einen ATP-Wert von 87%. Das ist schon ganz ordentlich, zumindest für einen Mitochonder. Laut Referenzwert ist alles über 95% gut, aber das ist für mich vermutlich utopisch. Zusätzlich wurde immer darauf geachtet, dass die Versorgung mit allen notwendigen Vitaminen gesichert war. Als gesunder Mensch kann man sich vermutlich kaum vorstellen, dass diese nicht-chemischen Mikronährstoffe tatsächlich eine so große Wirkung haben können bzw. bei einer Mitochondropathie diese Wichtigkeit besitzen. Vermutlich muss man es selber spüren, um es glauben zu können. Ich habe über Jahre ein Präparat namens „Alpha-Liponsäure" eingenommen. Irgendwann habe ich einen Bericht über Aluminium in Arzneimitteln gesehen und danach panisch meine Beipackzettel gelesen. Bei diesem einem Präparat wurde ich fündig und setzte es daraufhin sofort ab. Leider vertrug ich aber das Ersatzprodukt gar nicht. Kurz nach dem Schlucken der Tablette, brannte mir die Speiseröhre. Die Suche nach einem verträglicheren Präparat eines anderen Herstellers gestaltete sich schwierig. „Naja, dann lässt du die eine Tablette halt erst mal weg", dachte ich mir, „wird schon nicht so schlimm sein." Was ich nicht wusste, Alpha-Liponsäure fungiert als sogenannter Cofaktor. Ein Mangelzustand bei einem solchen Cofaktor wirkt sich negativ auf die Energiebildung aus. Noch mehr Probleme bei der Energiebildung konnte ich ja nun wirklich nicht brauchen. Aber es zog sich über Monate, bis ich ein neues passendes Produkt gefunden hatte und da waren die negativen Auswirkungen bereits zu spüren. Nur zuordnen konnte ich das Ganze damals noch nicht. Erst circa ein halbes Jahr später, als ich mir neue Literatur besorgt hatte, wurden mir die Zusammenhänge klar.

Zu den ganzen Mikronährstoffen muss man vielleicht noch sagen, dass diese logischerweise nicht geeignet sind, die HWS-Instabilität zu beseitigen, sondern sie sollen nach Möglichkeit Schäden der Sinnesorgane und des Hirns verhindern. Ein gesunder Mensch mag vielleicht beim Thema „Nahrungsergänzungsmittel und Co." die Nase rümpfen. Für mich als jemand mit einer sekundären Mitochondropathie sind diese Mikronährstoffe jedoch unerlässlich. Auch jetzt habe ich wieder alles kontrollieren lassen und den Einnahmeplan entsprechend aktualisiert.

Laut beamtenrechtlicher Vorschriften, bin ich während meiner Dienstunfähigkeit verpflichtet, mich zur möglichen Wiederherstellung meiner Dienstfähigkeit entsprechenden geeigneten und zumutbaren Maßnahmen zu unterziehen. So kann man das vermutlich nur in einem deutschen Gesetz finden. Ich denke, es liegt auf der Hand, dass man alles daran setzt, seine Dienstfähigkeit wieder zu erlangen, da das gleichbedeutend mit einer gesundheitlichen Besserung ist. Kaum zu glauben, dass man dafür eine gesetzliche Regelung braucht. Ich kann mir nicht vorwerfen, in der Vergangenheit nicht alles versucht zu haben, meine Gesundheit halbwegs in den Griff zu bekommen, aber ich weiß auch, dass mir dabei Grenzen gesetzt sind. Dennoch habe ich alles noch mal überdacht und überlegt, was ich noch besser oder anders machen könnte. Vor kurzem erst habe ich mit leichten Gleichgewichtsübungen begonnen, um in diesem Bereich eine Verbesserung zu erzielen. Das ist wirklich dringend notwendig. In letzter Zeit gab es mehrere Ereignisse, die ich meiner Gleichgewichtsproblematik zu verdanken habe. Bei dem Versuch, eine Bäckerei zu betreten, hatte ich große Probleme, den Eingang zu treffen und nicht die daneben befindliche Glasscheibe. Ich hatte mein Auto rechts neben dem Eingang geparkt und musste mich daher nach links bewegen. Beim Gehen schwenkte ich allerdings weiter nach links ab, als nötig, so dass ich letztendlich die Bäckerei mit einem großen Schlenker betrat. Ich kam mir dabei so selten blöd vor, dass ich mich erst mal verstohlen umsah, ob jemand meinen kleinen Umweg bemerkt hatte. Mir fällt oft auf, dass ich beim Gehen einen Linksdrall entwickele, das lässt sich gar nicht so einfach steuern. Das ist ein bisschen so, wie wenn Sie mit einer neuen Brille die Treppe runter gehen. Ganz schlimm ist es, wenn mein Kopf zu ist. Dann habe ich – zumeist nur linksseitig – keine richtige Kontrolle über meinen Körper und es fühlt sich so an, als würde ich ein Bein hinter mir her ziehen oder auf Watte treten. Mein Mann hat den wenig schmeichelhaften Vergleich mit dem Glöckner von Notre Dame gezogen, wobei es bei mir glücklicherweise nicht so aussieht, das Gefühl reicht aber schon. Auch im Urlaub wurde ich mir der Problematik mal wieder bewusst. Ich bin ein großer Skisprung-Fan und freute mich riesig auf die Besichtigung der Schanzenanlage in Oberstdorf. Voller Tatendrang fuhren wir mit einem Hangaufzug auf die Zwischenebene. Von dort konnte man mit einem weiteren Aufzug auf den Sprungturm fahren. So weit kam ich aber gar nicht. Auf der Zwischenebene konnte man von einer zur anderen Schanze herübergehen. Allerdings bestand der verbindende Weg nur aus einem Metallgitter in luftiger Höhe, man konnte also hindurchschauen. Was mir früher völlig egal war, eigentlich sogar Spaß machte, war jetzt ein Problem. Ich trat zwei Schritte auf dieses Gitter und dann war Schluss. Dieses Gefühl, das sich in meinem Kopf einstellte, kann ich kaum beschreiben. Mir war nicht schlecht oder schwindelig, aber ich hatte von einem Moment auf den anderen Probleme, mich zu orientieren. Kurz blieb ich stehen, in der Hoffnung, es würde sich legen, aber dann trat ich den Rückzug an. Traurig stand ich unter der Schanze und verfluchte mein Kopfgelenk. Mir ist bekannt, dass die Instabilität im Kopfgelenk auch zu Schwierigkeiten bei der Wahrnehmung der Position im Raum führt, aber es frustriert mich trotzdem immer wieder, wenn es passiert. Vor vielen Jahren stand ich bereits auf der großen Flugschanze in Oberstdorf, den Schanzen in Bischofshofen und Hinterzarten. Immer völlig problemlos, aber das ist leider Vergangenheit. Das erste Mal ist mir dieses Problem bereits im Jahr 2008 aufgefallen, als ich während der Anbauarbeiten am Haus auf das Gerüst gehen wollte. Ich konnte die Abstände nicht richtig einschätzen und ließ es lieber. Damals hatte ich natürlich noch keine Ahnung von den Hintergründen. Wäre es Höhenangst, könnte ich bestimmt etwas dagegen tun. Aber diese komischen Gleichgewichtsbeschwerden stellten mich echt vor Herausforderungen. Ob die neuen Übungen in dieser Hinsicht etwas bringen, wird sich noch zeigen.

Natürlich gehe ich auch weiterhin regelmäßig zur Physiotherapie, ohne Behandlung würde ich gar nicht über die Runden kommen. Aber a pro pos Physiotherapie: die meisten Menschen, die ich kenne, waren im Laufe ihres Lebens irgendwann schon einmal bei einem Physiotherapeuten, zur Krankengymnastik oder manuellen Therapie, oder zur Osteopathie. Komischerweise hat aber niemand den ich kenne, anschließend mit so großen Problemen zu kämpfen, wie ich. Das mag wohl daran liegen, dass keiner von ihnen eine Kopfgelenksinstabilität hat, sondern vielmehr mit den gängigeren Problemen zur Behandlung geht. Aber ich bin trotzdem immer sehr erstaunt, wenn mein Mann oder meine Mutter von der Physiotherapie kommen und sind „quietschfidel". Mein Vater ist sogar in der Lage, nach einer manuellen Therapie, anschließend noch Gerätetraining im Fitnessstudio zu machen. Ganz anders bei mir: im Anschluss an eine physiotherapeutische Behandlung bin ich „scheintot". Das liegt vermutlich zum einen daran, dass meine Behandlung immer eine ganze Stunde andauert, da der normale 20-Minuten-Rhythmus bei mir keinesfalls ausreichen würde, vorhandene Beschwerden zu behandeln. Zum anderen liegt es aber sicherlich an der speziellen Art von Verletzung die ich habe. An einem Behandlungstag, habe ich das ganz starke Bedürfnis, mich in Watte zu packen und achte noch viel mehr als sonst, darauf, keine falschen Bewegungen zu machen. Das fühlt sich körperlich an als wäre man komplett wund bzw. verwundbar. An diesen Tagen bin ich abends auch relativ schnell müde und muss mich hinlegen. Das Schlafen wiederum gestaltet sich aber trotzdem schwierig, da ich mit dem frisch behandelten Nackenbereich immer nur sehr schwer eine passende Liegeposition finde.

Da mir relativ schnell klar wurde, dass ich derart extrem auf die Behandlung reagiere, habe ich über Jahre, diese Termine immer auf freitags gelegt, um mich über das Wochenende von der Behandlung erholen zu können. Die „Nachwehen" halten nämlich manchmal noch am nächsten Tag an. Das war zwar arbeitgeberfreundlich, da ich so nicht ausfiel, aber an Wochenendgestaltung war natürlich auch nicht zu denken. Außerdem nützte mir der starre Freitagstermin nichts, wenn die Probleme bereits Dienstags stärker wurden. Heute habe ich zwar einen festen Behandlungsrhythmus, der aber jederzeit um –nennen wir es mal „Notfalltermine" ergänzt werden kann. Die Behandlung ist mehr an meinen Bedürfnissen orientiert, als an äußeren Umständen. Die grundsätzliche Zwickmühle bleibt aber. Vor einer Urlaubsreise brauche ich natürlich unbedingt eine Behandlung, damit die Beschwerden erst mal eingedämmt sind. Aber das Ganze darf natürlich nicht einen Tag vor Reiseantritt sein, da ich sonst erst mal die üblichen „Nachwehen" habe. Auch wenn ich auf einer Feier eingeladen bin und ich eigentlich eine Behandlungseinheit nötig hätte, überlege ich gut, ob ich das riskieren soll, da die Folgen auch erst mal einschränkend sind. Es ist also immer ein Abwägungsprozess, aber ich komme zurecht. Mit der Zeit habe ich auch erfahren, dass viele Menschen mit Kopfgelenksproblemen auf Behandlungen sehr sensibel reagieren. Wie die meisten Betroffenen, habe auch ich über die Jahre natürlich verschiedene Methoden ausprobiert, wie zum Beispiel „Craniosacrale Therapie" oder „Dorn-Therapie". Manchmal war ich so frustriert, dass ich am liebsten ganz auf Therapien verzichten wollte. Aber das war natürlich auch keine Lösung. Manche meiner körperlichen Beschwerden lassen sich nun mal nur manualtherpeutisch beheben, da nützen auch keine Medikamente. Mit meiner Physiotherapeutin, die auch eine osteopatische Zusatzausbildung hat, bin ich inzwischen ein eingespieltes Team und wir tarieren vor jeder Behandlung aus, was an besagtem Tag geht und was nicht.

In enger Absprache mit der Physiotherapeutin gestalte ich auch mein Trainingsprogramm. Wie wichtig ein Gleichgewichtstraining ist, habe ich ja bereits dargestellt. Aber auch die anderen Bereiche darf ich nicht vernachlässigen. Damit ich nicht mehr "übers Ziel hinausschieße", spreche ich jede Trainingssteigerung oder neue Übung mit meiner Physiotherapeutin ab. Auf dem Laufband habe ich mich jetzt bei 30 Minuten eingependelt, die ich mal schneller und mal langsamer gehe, je nach Verfassung, manchmal auch leicht bergauf. An der frischen Luft geht es sich natürlich noch besser. In jeglicher Hinsicht. Es macht mehr Freude und dort halte ich auch länger durch, die Belastung ist irgendwie anders. Am allerbesten ist es im Urlaub in den Bergen, die Höhenluft bekommt mir super. Mit dem Theraband mache ich Übungen zur Stärkung der Hals- und Rückenmuskulatur, ansonsten eigentlich nur Übungen mit dem eigenen Körpergewicht, zum Beispiel Liegestütze an der Wand. Langsam und bedächtig müssen die Bewegungen sein, ohne Rucken oder Hüpfen, das ist ganz wichtig. Isometrische Übungen, also gegen einen Widerstand, klappen ganz gut, ebenso wie Dehnübungen. Fünf Einheiten pro Woche nehme ich mir vor plus ausreichend Bewegung über den Tag. Im Gegensatz zu früher, lege ich aber eine Pause ein, wenn der Körper zu sehr streikt. Mit Gewalt geschieht inzwischen nichts mehr.

Was ist noch wichtig? Stressreduzierung und das Vermeiden körperlicher Belastungen. Mitochonder sind sehr empfindlich gegen Stress. Langfristig steigert Stress die Entzündungsneigung im Körper. Ich muss mich immer wieder selber bremsen und sehr dosiert mit Terminen und Verpflichtungen umgehen, um mich nicht unter Druck zu setzen. Insbesondere Freizeitstress gilt es zu vermeiden. Der folgende Rat passt ganz genau: „Die heutige „Eventkultur" ist nichts für

Mitochonder! Passen Sie darauf auf, dass Ihr Terminkalender dienstlich wie privat nicht zu sehr gefüllt ist."[33] Aber woher kommt das? „Die geringen ATP-Reserven der Mitochonder steigern die Stressempfindlichkeit Sie reagieren auf äußere Reize wie Licht, Lärm, Geräusche, visuelle, akustische Informationsflut, schnelle Bildfolgen, Menschengedränge, Gerüche u.v.a. überempfindlich."[34] Vor diesem Hintergrund ist natürlich die Dienstunfähigkeit schon mal der erste Schritt zur Verbesserung der körperlichen Gesamtsituation. Aber auch im Privatleben bin ich dazu übergegangen, öfter mal, wie heißt es so schön, „Fünfe gerade sein zu lassen". Wenn eine Sitzung im Rathaus ansteht und ich fühle mich nicht gut, dann bleibe ich auch zu Hause, anstatt, wie früher, Schmerzmittel zu nehmen und mich hinzuschleppen. Mein Pflichtbewusstsein stand mir oft selber im Weg, aber inzwischen spreche ich meine Schwächen offen an und sage, wenn etwas nicht geht. Kürzlich hatten wir ausnahmsweise an einem Wochenende an beiden Tagen Programm mit Besuch von Freunden und einem Kindergeburtstag, danach war ich dann aber auch zwei weitere Tage erledigt. Das gilt es künftig zu vermeiden.

Zuletzt bleibt natürlich auch noch die Einhaltung der Ernährungsvorgaben.

Soweit versuche ich also mit größtmöglicher Selbstdisziplin für meine Gesundheit alles zu tun, was nötig ist bzw. alles, was mir möglich ist. Dabei lerne ich nie aus und werde immer wieder vor neue Herausforderungen gestellt. Das Kopfgelenk ist eine „Wundertüte", die meine ganze Geduld fordert. Auch wenn man unmöglich immer alles richtig machen kann, ich glaube, wirklich viel falsch mache ich inzwischen nicht mehr. Der Preis für die ganze Disziplin und den Fleiß ist aber leider keine Spontanheilung, damit ist nicht zu rechnen, jedoch erhoffe ich mir so eine kleine Portion mehr Lebensqualität. Insgesamt geht es mir auch wirklich besser. Das liegt unter anderem daran, dass ich nicht mehr jeden Tag am Computer arbeiten muss. Auch dass der Druck weg ist, Dinge schaffen zu müssen, ist von Vorteil. Zuletzt hilft es auch sehr, dass ich jetzt nur nach meinen gesundheitlichen Bedürfnissen leben kann. Ohne Frage ist meine Lebensqualität seit einer Ewigkeit endlich mal wieder gestiegen. Ich habe in den vergangenen Monaten Tagebuch geführt und meine körperliche Verfassung dokumentiert, um Fortschritte und mögliche Rückfälle erkennen und entsprechende Rückschlüsse ziehen zu können. In den Aufzeichnungen finden sich trotz aller Anstrengung und der fühlbaren Verbesserung folgende immer wiederkehrende Beschwerden:

Benommenheit („Kopf ist zu"), Übelkeit, Schmerzen im Hinterkopf und den Rippen, ausstrahlende Schmerzen in die linke Gesichtshälfte (insbesondere Kiefer und Auge), sowie Wirbelblockaden und Muskelverkrampfungen. Hinzu kommen Schluck- und Atembeschwerden, Druck im Brustkorb(führt z.B. zu Herz- und Pulsrasen), Blend- und Lichtempfindlichkeit und eine eingeschränkte Aufmerksamkeitsfähigkeit (ab etwa 2 Stunden). Zu guter letzt gehören auch Gleichgewichtsstörungen (schwankender Gang, „Linksdrall"), Sehstörungen insbesondere linksseitig (Mouches volantes, Schwierigkeiten beim Einschätzen von Abständen und dem Verarbeiten von Geschwindigkeit, Probleme am Computer oder im Buch eine Reihe zu halten, Schwierigkeiten bei der Verarbeitung schneller Bildfolgen) und Magen-Darm-Beschwerden auf die Liste.

Das bedeutet natürlich nicht, dass ich jeden Tag immer alle diese Beschwerden habe. Aber das sind die gängigen Probleme, mit denen ich ständig kämpfen muss. Grundsätzlich vergeht kein Tag, an dem keine der oben genannten Beschwerden auftritt, wenn aber doch zwischendurch mal ein - gesundheitlich betrachtet- perfekter Tag dabei ist, fühlt sich das an, wie Weihnachten und Geburtstag zusammen. Ein klarer Kopf ohne Druck oder Benommenheitsgefühl ist selten und sorgt für ein Hochgefühl, das mich den ganzen Tag lächeln lässt.

Ob das nun auf lange Sicht der Status Quo bleibt, das weiß ich nicht. Hin und wieder ertappe ich mich bei dem Gedanken, dass dies jetzt der bestmögliche Zustand sein könnte, den ich erreichen kann. Viel Optimierungspotential sehe ich nicht mehr, zumal die Instabilität sich ja nicht beheben lässt. Aber oft überwiegt der Ehrgeiz, dass ich mich mit dem aktuellen Zustand noch nicht zufrieden geben kann. Vielleicht kann ich noch den einen oder anderen beschwerdefreien Tag mehr erreichen. Eine Prognose zu wagen, ist schwierig, ich muss vermutlich einfach schauen, was die Zukunft bringt.

Natürlich habe ich mich auch gefragt, was ich jetzt mit der vielen freien Zeit anfange. Erstaunlicherweise ist das gar nicht so viel, wie erwartet. Nicht, dass Sie jetzt denken, ich hätte „Rentnerstress", aber die vorab beschriebenen Maßnahmen kosten Zeit. Die Hausarbeit hat sich komischerweise auch nicht reduziert, obwohl ich mir Mühe gebe, die Dinge gelassen zu sehen, manchmal sogar zu übersehen. Und darüber hinaus muss ich natürlich an regelmäßige Ruhepausen denken. Die Befürchtung, ich würde mich langweilen, hat sich bislang auf jeden Fall noch nicht bewahrheitet. Eigentlich war das auch gar keine realistische Befürchtung, da man mit einer Kopfgelenksinstabilität so damit beschäftigt ist, sich um seine Gesundheit zu kümmern, dass gar kein Raum für Langeweile bleibt. Irgendwann gab es dann auch das auslösende Gespräch mit meiner Tante Conny, die mich auf die Idee brachte, ein Buch zu schreiben. Zunächst war das Niederschreiben meiner Geschichte lediglich als persönliche Verarbeitung bzw. Aufarbeitung der ganzen Geschehnisse gedacht. Ein seit dem Jahr 2004 andauernder Leidensweg, mit all seinen Aufs und Abs muss erst mal richtig einsortiert werden. Jetzt hatte ich ja die Zeit dazu. Nachdem ich angefangen hatte zu schreiben, merkte ich aber relativ schnell, dass meine Geschichte vielleicht auch andere Menschen interessieren könnte. Ich bin mit Sicherheit weder die erste, noch die letzte Person, die eine jahrelange Ärzteodyssee hinter sich bringen musste, bis es endlich eine plausible Diagnose gab. Wenn meine Aufzeichnungen dazu beitragen können, diesen Weg bei dem einen oder anderen zu verkürzen, würde mich das glücklich machen. Vielleicht haben Sie selber auch die unterschiedlichsten Symptome, finden aber keine passende Krankheit dazu, oder Sie kennen jemanden, der über ähnliche Beschwerden klagt, wie ich. Dann kann meine Geschichte möglicherweise als kleiner Wegweiser dienen.

Darüber hinaus war es mir auch wichtig, den Aspekt der zunehmenden Psychiatrisierung in unserer Gesellschaft aufzuzeigen. Viel zu schnell, wird heutzutage diese Karte gezogen. Das hilft weder den Menschen, die körperliche Erkrankungen haben, noch wird es den Menschen gerecht, die wirklich an einer psychischen Krankheit leiden. Wie Sie lesen konnten, habe ich es mehrfach selber erfahren müssen, wie problemlos und vorschnell man heute in die Kategorie „psychisch krank" eingeordnet wird. Ich möchte gar nicht jedem der aufgeführten Personen eine böse Absicht unterstellen. Vielmehr scheint es eine gängige Herangehensweise geworden zu sein, Krankheiten, die selten und schwer zu diagnostizieren und zu verstehen sind, keinen Glauben zu schenken und stattdessen den Menschen in die „Psycho-Schublade" zu stecken. Wäre ich nicht so felsenfest davon überzeugt gewesen, dass es eine körperliche Ursache für meine Beschwerden gibt, hätte ich es theoretisch einfacher haben können. Bei dem einen oder anderen Arzt wäre es ein Leichtes gewesen, an ein Rezept für Psychopharmaka zu kommen. Das merkte man ganz schnell an der Art und Weise, wie ich zu meinen Beschwerden befragt wurde. Aber damit wäre mir ja auch nicht geholfen gewesen. So ging ich lieber den längeren und schwereren Weg, blieb standhaft bei meiner Überzeugung und ergründete die Ursache für meine Beschwerden. Es mag jetzt ein wenig eitel klingen, aber ich bin wirklich stolz auf mich, dass ich stets auf meine Intuition vertraut und an meiner Überzeugung festgehalten habe. Aber gerade deshalb hat es mich unglaublich tief verletzt, als ich mich der geschilderten Psychiatrisierung ausgesetzt sah. Ich wünsche mir, dass ich mit meiner Geschichte einen kleinen Beitrag dazu leisten kann, dass Menschen mit außergewöhnlichen Krankheitsbildern ernstgenommen und vorurteilsfrei betrachtet werden.

So entstand also dieses Buch. Allerdings war die praktische Umsetzung zunächst etwas schwierig. Mehr als eine halbe Stunde arbeiten am Computer hätte negative Auswirkungen. Sitzen und tippen, das brauchte ich gar nicht zu versuchen, das wusste ich ja bereits. Ein Diktiergerät war mein erster Gedanke. Bisschen altmodisch, aber nackenschonend. Dabei gab es allerdings ein Problem: wer sollte das Diktierte später abschreiben? Das konnte ich doch niemandem zumuten. Also musste eine neue Idee her. Die Lösung fand sich dann in Form eines Diktierprogramms, welches meine Worte direkt auf den Computer übertrug. Mit Kopfhörer und Mikrofon konnte ich so sprechend durchs Zimmer laufen. Das war genau mein Ding. Ich war erstaunt darüber, wie gut dieses Programm meinen rheinländischen Dialekt verstand. Dazu muss man „Nicht-Rheinländern" vielleicht erklären, dass wir in meiner Gegend kein „ch" kennen, alles wird „sch" ausgesprochen. So gibt es kein „ich" sondern „isch" und anstatt „nicht", heißt es „nischt". Egal, wie sehr man sich bemüht, der Rheinländer lässt sich nicht verbergen. Aber das hat das Programm – nach fleißigem Aufsagen der Lerntexte – wirklich gut hinbekommen. Phantasiereichere Wortkreationen entstanden allerdings bei den medizinischen Fachbegriffen. Versuchen Sie mal Wörter, wie „Subarachnoidaler Puffer" oder „Adenosintriphosphat" zu diktieren. Da war schon die eine oder andere Korrektur nötig.

Ich habe versucht, die Frage „Dienstunfähig – und nun?" bestmöglich zu beantworten. Aber das kann im Moment – nach gerade mal sechs Monaten Dienstunfähigkeit – nur ein erster Versuch sein. Noch fehlt mir der absolute Masterplan. Die Eindrücke wirken immer noch nach und es gibt Tage, an denen mir die Dienstunfähigkeit aufstößt, weil ich mich nicht mehr als Teil der Leistungsgesellschaft fühle. Es ist richtig, so wie es jetzt ist, daran zweifele ich gar nicht, aber der Verarbeitungsprozess dauert noch an.

Fazit: Das Leben mit einer Kopfgelenksinstabilität

Das Leben mit einer Kopfgelenksinstabilität ist so eine Sache. Nach meiner langjährigen Erfahrung mit dem „Wackelköpfchen" kann ich sagen: Damit kann man leben, eigentlich auch ganz gut, wenn man die Regeln kennt und sie einhält. Aber dennoch sind es oft die kleinen Dinge, die mir zeigen, dass bei mir nicht alles in Ordnung ist. So kann zum Beispiel das Öffnen eines Fensters zum Problem werden, wenn sich die Drehbewegung der Hand beim Bewegen des Fenstergriffes auf die Schulter- und Nackenmuskulatur überträgt. Das ist keine gute Bewegung für mich. An Tagen einer physiotherapeutischen Behandlung lasse ich eine solche Bewegung daher lieber weg. Das heißt natürlich auch, dass das Fenster dann zu bleiben muss, bis es mir jemand öffnet. Die Drehbewegung beim Fensterschließen ist wesentlich angenehmer. Eigentlich eine völlig banale Sache, aber mit Folgen verbunden, wenn ich nicht darauf achte. Für Sie muss das merkwürdig klingen, aber probieren Sie es mal aus. Die Drehbewegung nach oben verursacht eine andere Schulterbewegung, als die Drehbewegung nach unten. Bei uns zu Hause bin ich also ganz klar die Frau fürs „Fenster zu machen".

Auch eine Fahrt in den Urlaub ist mit meinem „Wackelköpfchen" nicht besonders amüsant. Während andere Beifahrer entspannt schlafen, lesen oder gar die Füße aufs Armaturenbrett legen, bedeutet eine längere Strecke für mich puren Stress. Das liegt zum einen daran, dass ich permanent mitbremse, da ich Geschwindigkeiten und Abstände nicht richtig einschätzen kann und mir deshalb Leitplanken und LKW's wesentlich näher vorkommen, als sie sind. Besonders schlimm sind Autos, die vom Beschleunigungsstreifen auf die Autobahn kommen. Mein Mann kennt das schon. Er hat sich an seine hyperaktive Beifahrerin gewöhnt. Wenn es zu doll wird, bekomme ich die Ansage, mir die Augen zuzuhalten, das hilft dann für eine Weile. Wesentlich belastender ist aber das andauernde Ruckeln des Wagens über den Asphalt. So gut kann gar keine Autobahn sein, dass ich die Erschütterungen nicht im Kopf spüre. Nach einer Weile beginnen die Schmerzen im Nacken und die Augen ermüden. Ich habe dann große Schwierigkeiten, mich noch auf die Strecke zu konzentrieren, zum Glück bin ich nur der Beifahrer. Bus- oder Bahnreisen lasse ich aufgrund der Erschütterungen lieber gleich sein.

Das Thema „Erschütterung" stellt nicht nur beim Autofahren ein Problem dar. Seit ein paar Jahren gibt es einen großen Hype um elektronische Gesichtsreinigungsbürsten. Frauen werden jetzt wissen, was ich meine. Für die Männer unter Ihnen: stellen Sie sich eine Schleif- oder Poliermaschine für Autolack vor. Ähnlich funktioniert die Reinigungsbürste fürs Gesicht. Keine Frauenzeitschrift verzichtete auf entsprechende Berichte und die Werbung tat das Übrige dazu. Welche Frau lässt sich nicht von dem Versprechen schönerer Haut ködern? Ich war auf jeden Fall höchst interessiert. Aber Preise ab 130,00 € aufwärts schreckten mich erst mal ab. Etwa ein Dreivierteljahr schlich ich immer wieder um entsprechende Angebote herum. Schließlich gab ich nach und kaufte mir ein Gerät im mittleren Preissegment. Es gab zwei Geschwindigkeitsstufen, mit denen man das mitgelieferte Bürstchen über das Gesicht kreisen lassen konnte. Sobald ein Piepton ertönt, muss man die zu reinigende Stelle im Gesicht wechseln. So kommen nacheinander Stirn, beide Wangen inklusive Nase und die Kinnregion dran. Klingt einfach und unproblematisch. Bei „normalen" Menschen vielleicht. Sie ahnen es schon, bei mir nicht. Nach der ersten Anwendung war mir irgendwie komisch. Gut, das heißt nicht unbedingt etwas, schließlich ist mir oft komisch, so dass ich nicht gleich die Bürste in Verdacht hatte. Am nächsten Abend wiederholte sich das Phänomen jedoch. Kaum war der einminütige Reinigungsvorgang abgeschlossen, wurde mir komisch im Kopf. Konnte das noch Zufall sein? Ich wollte aber nicht direkt aufgeben, schließlich war das Ding teuer und zurückgeben ging auch nicht. Also legte ich eine Pause ein und wartete einen Tag ab, an dem es mir gut ging, um einen unbeeinflussten weiteren Test zu wagen. Keine Chance, die Vibration des Bürstchen übertrug sich direkt von meinen Gesichtsknochen auf den Kopf. Das kann man eigentlich kaum glauben, wir sprechen ja hier nicht von einem Presslufthammer, aber noch ein letzter vierter Versuch mit gleichem Ausgang, brachte mich dazu, wieder auf herkömmliche Gesichtswaschmethoden umzusteigen. Ich kaufte ein frisches Bürstchen und schenkte das Gerät meiner Mutter. Nach dieser Erfahrung kann mir die Werbung auch mit noch so schön lächelnden Gesichtern und perfektem weißen Strahlen keine elektrische Zahnbürste mehr schmackhaft machen. Ich befürchte, da würde der gleiche Effekt eintreten.

Wo wir gerade beim Thema „Zähne" sind. Zahnarztbesuche sind so eine Sache, die ich meide, wie der „Teufel das Weihwasser". Allein der Gedanke, welche Körperhaltung ich in einem Zahnarztstuhl einnehmen müsste, verursacht mir Nackenschmerzen. Vor einigen Jahren habe ich immer ein Kissen mitgenommen, um es mir so wenigstens etwas bequemer zu machen, aber trotzdem hatte ich nachher immer tagelang Probleme. Irgendwann habe ich es einfach ganz gelassen. Das ist zwar aus zahnhygienischen Gründen nicht in Ordnung, aber wie soll man seinem Arbeitgeber erklären, dass man nach einem Zahnarztbesuch tagelang krank ist und das nichts mit den Zähnen zu tun hat? Ich gebe mir große Mühe, meine Zähne bestmöglich zu pflegen und bin auch wirklich dankbar, dass sie mir so wenig Probleme bereiten, aber ich weiß natürlich auch, dass das auf Dauer so nicht geht. Jetzt während meiner Dienstunfähigkeit, werde ich die Zeit nutzen, und mich mal wieder in den „Höllen-Stuhl" begeben. Die Sache mit der ungünstigen Körperhaltung betrifft aber natürlich nicht nur den Zahnarzt. Gleiches gilt auch für den Friseurbesuch. Diese Waschbecken mit Ausbuchtung für den Nacken sind aus meiner Position heraus betrachtet, wahre Foltergeräte. Mit meinem instabilen Kopfgelenk ist es mir nicht möglich, mir - den Kopf nach hinten gebeugt – im Friseursalon die Haare waschen zu lassen. Das hat aber zumindest den positiven Nebeneffekt, dass Friseurbesuche für mich seit etwa zehn Jahren relativ günstig sind. Ich lasse mir die Haare trocken schneiden und nehme sonst keinerlei Service in Anspruch. Für den Fall, dass ich irgendwann mit der eigenständig aufgetragenen Haartönung nicht mehr auskomme, weil die grauen Haare überhand nehmen (nicht, dass ich mit meinen 39 Jahren schon graue Haare hätte...), habe ich mit meiner Friseurin abgesprochen, dass sie mir dann die Haare im Salon färbt, ich aber zu Hause selber auswasche.

Im Gegensatz zum Zahnarztbesuch, lassen sich die Probleme beim Friseurbesuch glücklicherweise relativ einfach beheben. Aber das Haare waschen als Solches, bleibt unabhängig davon trotzdem immer ein Kraftakt. Kennen Sie den Witz des Comedian Mario Barth, in welchem er die drei Dusch-Arten von Frauen erklärt?: „Es gibt duschen mit Haare, duschen ohne Haare und nur Haare." Als ich den Witz damals hörte, musste ich herzhaft lachen, weil es das weibliche Duschverhalten einfach so gut auf den Punkt brachte. Früher praktizierte ich auch alle drei Varianten. „Nur Haare" geht leider inzwischen nicht mehr. Den Kopf unter Waschbecken oder Duschkopf zu strecken und dann beim Auswaschen des Shampoos auch noch hin und her zu drehen, ist mir nicht möglich. Die Belastung ist für mein Kopfgelenk zu groß. Daher funktioniert Haare waschen nur noch in Verbindung mit Duschen und selbst dabei muss ich auf bedächtige Bewegungen achten. Ich kann den Kopf nicht in den Nacken legen, was zur Folge hat, dass ich das Wasser immer überall abbekomme, auch im Gesicht, was dann bei fehlendem vorherigen Abschminken zu abenteuerlichen Farbverläufen führt. Aber gut, so hat mein Mann wenigstens auch immer was zu lachen. Im Grunde bedeutet nämlich Haare waschen auch gleichzeitig Arbeit für ihn. Je nach körperlicher Verfassung bereitet es mir große Probleme, den Fön lange zu halten, so dass mein Mann in diesen Fällen die Aufgabe übernimmt. Es mag merkwürdig aussehen, wie ich dann so auf der Wäschetonne sitze und mir die Haare fönen lasse, aber manchmal geht es halt nur unkonventionell. Weil das so gut klappt, habe ich einige Male versucht, meinen Mann auch in andere, für mich etwas schwierigere Bewegungen einzubinden, wie zum Beispiel Zopf binden oder Fußnägel lackieren. Bedauerlicherweise weigert er sich jedoch beharrlich. Sein Argument „Dann kannst du aber nicht mehr vor die Tür gehen, wenn ich das mache", kann ich tatsächlich nicht entkräften und so bleibt es lieber nur beim Fönen.

Ich möchte noch mal kurz auf mein Problem mit Erschütterungen zurück kommen. Dass ich nicht Ski auf einer Buckelpiste fahren oder mit dem Mountainbike eine Schotterstrecke zurücklegen kann, das ist logisch und bedarf keiner Erläuterung. Aber dass es immer wieder alltägliche Bewegungen oder Aufgaben sind, die Einschränkungen darstellen, verwundert stets auf Neue. So gibt es neben den bereits erwähnten elektronischen Zahn- und Gesichtsbürsten auch Haushaltsgeräte, deren Gebrauch mich vor Probleme stellt. Handmixer oder Pürierstab zum Beispiel, vibrieren je nach Schnelligkeitsstufe ganz erheblich, was sich negativ auf meinen Kopf überträgt. Nur kurz etwas aufschlagen, das geht, aber wenn bei einem Kuchenteig jedes Ei für sich untergeschlagen werden muss, greife ich lieber auf eine Küchenmaschine zurück, die eigenständig mixt. In der Küche gibt es glücklicherweise solche technischen Hilfsmittel, in anderen Bereichen des Haushalts klappt das nicht so gut. Früher zu Judozeiten hatte ich mir immer eine Maschine gewünscht, die Judomatten selbständig auf- und abbaut, da dies vor und nach dem Training doch etwas nervig war. Heute hätte ich viel lieber eine Maschine, die Betten beziehen kann und Badezimmer reinigt. Das sind nicht nur generell lästige Hausarbeiten, sondern auch diejenigen, die mir körperlich die meisten Probleme bereiten. Staubsauger-Roboter gibt es ja schon, wer weiß, was in Zukunft noch erfunden wird.

Wenn ich gefragt werde, was die Kopfgelenksinstabilität für mich bedeutet, wie sie sich auswirkt, fallen mir meist die offensichtlichen Probleme ein. Ich erkläre dann, dass ich auf meine Kopfhaltung achten muss, dass ich nicht lange Sitzen oder Stehen kann, dass Bewegung am besten ist. Dass Arbeiten am Computer problematisch ist, ebenso die meisten Sportarten und dass ich mich vor Wind und Durchzug schützen muss. Manchmal erwähne ich auch noch die besonderen Anforderungen an Matratze und Kopfkissen. Das sind die Dinge, die sich aus der Verletzung heraus erschließen, die logisch und nachvollziehbar sind. Man will ja auch nicht stundenlang referieren, wenn man eine kurze Frage gestellt bekommt. Dabei gibt es darüber hinaus noch so viel mehr, was bei mir nicht „normal" läuft. Kürzlich kam ich nach einem Arzttermin aus dem Haus und es regnete. Kein Schirm zur Hand und das Auto zwei Straßen weiter, blieb mir nur die Chance, in einer Mischung aus flottem Gehen und leichtem Laufschritt schnellstmöglich zum Parkplatz zu gelangen, um nicht komplett durchnässt zu werden. Es waren etwa 300 Meter zurückzulegen, was bereits genügte, um mir aufgrund der Erschütterung des Laufens für etwa eine halbe Stunde anschließend einen „Brummschädel" zu machen. Laufen geht gar nicht, mache ich auch nur in Ausnahmesituationen. Allerdings muss ich dazu sagen, dass ein Schirm auch nicht viel besser gewesen wäre. Bei 300 Metern schon noch, das hätte kein Problem dargestellt, aber längere Strecken kann ich nicht mit Schirm gehen. Schnell werden mit die Schultern schwer und der Nacken verkrampft. Aus diesem Grund habe ich mir zwischenzeitlich überwiegend Jacken mit Kapuze zugelegt. Überhaupt habe ich meine Kleidung meinen Beschwerden angepasst. Eigentlich liebe ich Schuhe mit hohen Absätzen. Aber aus orthopädischer Sicht ist das so eine Sache und abgesehen davon steht es sich mit Gleichgewichtsproblemen auch nicht so gut auf 7cm. Daher besteht inzwischen die eine Hälfte in meinem Schrank aus flachen Schuhen. Bei der Kleidung haben Blusen mit Kragen und Halstücher den prozentual höchsten Anteil.

Total kurios wird es beim Thema „Augen". Vor einiger Zeit bekam ich von meiner Physiotherapeutin ganz leichte Übungen für die Augen gezeigt. Diese sind wichtig zur Stabilisierung der Hirnnervenfunktion. Dabei muss ich auf dem Rücken liegend mal nach oben, unten, rechts oder links schauen, ohne den Kopf zu bewegen. Probieren Sie das mal aus, nach einer Weile merkt man die Augenmuskulatur. Diese total banale Übung führte bei mir zu einem mehrtägigen Chaos im Kopf. Das habe dann erst mal gelassen. Stattdessen wurde dann während der Behandlung die Muskulatur des linken Auges mobilisiert. Das hat sich ein klein wenig unheimlich angefühlt, aber irgendwann spürte ich tatsächlich eine Lockerung. Insgesamt aber verrückt, oder?

Je nach Tagesform bereitet mir auch das Tragen eines BH's Probleme. Das ist jetzt nicht unbedingt ein Thema für die männlichen Leser – zugegeben, das war die Geschichte mit der Gesichtsreinigungsbürste auch nicht – aber vielleicht ist es trotzdem nachvollziehbar. Linksseitig habe ich häufig Schmerzen im Rippenbereich. Die Muskulatur in der Region ist dann „verknubbelt" und druckempfindlich. Dummerweise ist das genau die Stelle, auf der ein BH aufliegt bzw. anliegt. Es fühlt sich dann an, als hätte man einen Gürtel zu eng um den Brustkorb geschnallt und es raubt mir die Luft.

Besonders frustrierend finde ich es, wenn schöne Dinge von meiner Kopfgelenksinstabilität beeinträchtigt sind. Hausarbeit, Zahnarztbesuche, Spazieren im Regen, darauf könnte man ja freiwillig verzichten, aber Shopping-Touren zum Beispiel, die fehlen mir richtig. Kleidung an- und auszuziehen, sich vor dem Spiegel zu drehen und dann das gleiche in weiteren Geschäften, das ist mir inzwischen leider zu anstrengend. Ganz schlimm ist es bei Oberteilen, die über den Kopf gezogen werden müssen; nach drei Kleidungsstücken ist Schluss, dann beschwert sich mein Nacken. Was das angeht, kann ich nur sagen: „ein Hoch auf Online-Shops", aber das ersetzt natürlich nicht das zufriedene Gefühl, welches ein Shopping-Marathon mit der besten Freundin auslöst. Freizeitparks oder große Volksfeste mit ihren Fahrgeschäften sind leider auch aus dem Rennen. War mir früher keine Bahn zu schnell oder zu hoch, so bleibt mir heute höchstens Dosenwerfen und die Zuckerwatte sollte ich ja auch nicht essen. Was ich richtig vermisse ist tanzen. Ich würde so gerne mal wieder eine Nacht durchtanzen. Aber daran brauche ich leider gar nicht zu denken. Ich liebe Musik und Rhythmus, früher war ich eine richtige Disco-Maus. Die Techno-Ära inklusive Rave-Partys habe ich mitgemacht, zum Teil mit Trillerpfeife auf der Tanzfläche. Bisschen peinlich, aber damals war das cool. Später war es dann eher R&B, tanzbar musste es sein. Heute reicht es meistens nur zu einem Wippen mit den Füßen. Ganz selten gebe ich dem Impuls nach und bewege mal weitere Körperteile zum Takt der Musik. Das bleibt nur leider nie folgenlos, daher ist das die Ausnahme. Aber sich grundsätzlich immer und stets zusammenzureisen, klappt halt nicht.

Für viele – leider nicht alle - dieser Probleme gibt es Lösungen oder Alternativen, aber dennoch kann man nicht übersehen, dass das Leben mit einer Kopfgelenksinstabilität voll ist von Einschränkungen und Besonderheiten, auf die man sich einstellen muss. Die Liste ist nicht endlich, vielmehr kommen immer wieder neue Dinge hinzu, die mich vor Herausforderungen stellen. Im Großen und Ganzen habe ich mich mit meiner Situation arrangiert. Bei all dem, was nicht geht und was ich nicht kann, darf ich nie vergessen, dass es auch viel schlimmer hätte kommen können. Wer weiß, was passiert wäre, wenn ich nicht über eine so gute Muskulatur verfügt hätte. Vielleicht wären die Auswirkungen der drei vermeintlichen Auslöser wesentlich heftiger ausgefallen. Insofern bin ich was das angeht inzwischen sogar ein bisschen demütig und habe mit meinem Wackelköpfchen Frieden geschlossen.

Was ich noch sagen wollte

Kopfgelenksinstabilität und in Folge dessen eine sekundäre Mitochondropathie, das ist nicht gerade eine gängige Erkrankung. Ich habe über verschiedene Fälle gelesen, aber persönlich kennen gelernt habe ich bislang noch niemanden mit dieser Kombination. Vielleicht ändert sich das nach diesem Buch. Was den orthopädischen Aspekt angeht, diesbezüglich konnte ich mich bereits mit anderen Betroffenen austauschen. Die Beschwerden waren nicht immer deckungsgleich, aber ein Grundverständnis füreinander war natürlich sofort da. Andere Mitochonder habe ich bisher noch nicht persönlich getroffen, obwohl ich davon ausgehe, dass es eine nicht zu vernachlässigende Anzahl geben wird. Vermutlich gibt es hier auch eine große Dunkelziffer, weil die Krankheit bei den Betroffenen einfach noch nicht erkannt wurde. Wie schwer das ist, habe ich schließlich selber erfahren müssen. Die sekundäre Mitochondropathie ist noch nicht vollständig in der deutschen Medizinwelt angekommen. Man merkt zwar, dass die Akzeptanz dieses naturwissenschaftlichen Ansatzes wächst, aber der Weg ist noch weit. Ich ernte auch immer mal wieder verwunderte oder sogar ungläubige Blicke, wenn ich von „Mitochondrien", „Energiedefizit" und dergleichen spreche, aber inzwischen sind mir diese Zweifler egal. Ich selbst bin der beste Beweis, dass die Mitochondrientherapie funktioniert. Dass die Kopfgelenksinstabilität nicht mehr heilt, ist das eine, aber mit Hilfe der Mitochondrientherapie habe ich zumindest die internistischen Folgen im Griff.

Auf dem inzwischen elfjährigen Weg, den ich mit dieser Erkrankung zurückgelegt habe, ist einiges auf der Strecke geblieben. Freundschaften gingen kaputt, ich musste mein geliebtes Hobby aufgeben und zuletzt gab es noch Streit mit dem Dienstherrn. Aber die Personen, die in der ganzen Zeit für mich da waren, die mich unterstützt, behandelt und beraten haben, denen gehört mein Respekt und vor allem mein Dank:

Da hätten wir zunächst **Dr. med. Bodo Kuklinski aus Rostock**. Für mich persönlich der absolute Guru, wenn es um die Folgen einer Kopfgelenksinstabilität und die Mitochondrienforschung geht. Ich bin ihm unendlich dankbar, dass er im Kampf gegen Windmühlen nie aufgegeben hat und vielen Widerständen zum Trotz sein Wissen über Mitochondrien verbreitet hat.

Großer Dank gebührt auch **Dr. med. Ulrich Klumb aus Neuwied**, der meine Krankheit erkannte und mich über all die Jahre hervorragend betreut hat. Bei ihm fand und finde ich immer ein offenes Ohr und immer wieder neue Ideen, wie ich meinen Zustand verbessern kann. Selten bin ich einem Arzt begegnet, der so „über den Tellerrand" schaut und den Patienten als Ganzes betrachtet.

Bedanken möchte ich mich beim ehemaligen Chefarzt der Loreley-Kliniken **Dr. med. Matthias Psczolla**, sowie dem leitenden Oberarzt **Alfred Galeazzi**, die beide sprichwörtlich ein gutes Händchen hatten, um den Schaden an meinem Kopfgelenk zu ertasten. Herr Galeazzi begleitet mich bis heute orthopädisch und holt mich immer wieder auf den Boden zurück, wenn mein Ehrgeiz zu groß wird.

Meiner langjährigen Physiotherapeutin im Wirbelsäulenzentrum **Anita Arneth** möchte ich auch Danke sagen. Sie hat mir gerade in der Anfangszeit unermüdlich alle Fragen über mein Kopfgelenk und die Zusammenhänge beantwortet und mir viele wertvolle Tipps gegeben.

Ein großes Dankeschön geht an meine Physiotherapeutin **Sabine Popp**, die mit mir gemeinsam die schlimme Zeit nach dem „Nikolaus-Vorfall" und während des Dienstfähigkeitsverfahrens durchgestanden hat. Sie hat es geschafft, mich davon zu überzeugen, meinem Körper die Ruhe zu gönnen, die er braucht und danach dann ganz langsam wieder mit dem Aufbau zu beginnen. Das hätten nicht viele hinbekommen.

Mein Dank gebührt auch meinem Rechtsanwalt, **Jürgen Kanthak aus Mayen**, der mit mir gemeinsam den Kampf gegen den Behördenwahnsinn aufgenommen hat.

Ein dickes Dankeschön geht an meine **Tante Conny**, die mir als Korrekturleserin sehr viele wertvolle Tipps gegeben hat.

Sandra und **Simone**, meine Freundinnen seit so vielen Jahren. Euch gebührt ein riesiges Dankeschön. Ihr habt mir immer die Treue gehalten, gerade auch in den schwierigen Zeiten, auch wenn es aufgrund meiner Beschwerden nicht immer leicht mit mir war.

Meine Eltern sind der Wahnsinn, da reichen Worte nicht aus. Ich würde sagen: „Mein Fels in der Brandung", aber das genügt nicht annähernd. Ihr seid vielmehr ein ganzes Bergmassiv. Ohne euch hätte ich vermutlich irgendwann einmal den Kopf in den Sand gesteckt. Aber mit so viel Unterstützung reichte die Kraft immer fürs Weiterkämpfen.

Schatz, du bist einfach großartig!

Literaturnachweise

[1]   Dr. Kuklinski, Bodo/ Dr. Schemionek, An-
        ja: Schwachstelle Genick, 4. Auflage, Biele-
        feld: Aurum, 2007, Seite 19

[2]   Dr. Worm, Nicolai: Glücklich und Schlank,
        5. Auflage, Lünen: systemed, 2003-2006,
        Seite 52

[3]   Dr. Kuklinski, Bodo: Das HWS-Trauma, 2.
        Auflage, Bielefeld: Aurum, 2007, Seite 32-33

[4]   Prof. Dr. Harms, Jürgen: Grundlagenwis-
        sen Wirbelsäule, Bandapparat der Wirbel-
        säule.   Online: http://www.harms-
        spinesurgery.com
        /src/plugin.php?m=harms.ANA06D
        (Stand: 02.10.2016)

[5]   Dr. Kuklinski, Bodo: Das HWS-Trauma, 2.
        Auflage, Bielefeld: Aurum, 2007, Seite 33

[6]   Dr. Kuklinski, Bodo/ Dr. Schemionek, An-
        ja: Schwachstelle Genick, 4. Auflage, Biele-
        feld: Aurum, 2007, Seite 17

[7]   Dr. Kuklinski, Bodo/ Dr. Schemionek, An-
        ja: Schwachstelle Genick, 4. Auflage, Biele-
        feld: Aurum, 2007, Seite 22-23

[8]   Dr. med. Kersten, Wolfram: Die wahren
        Ursachen chronischer Krankheiten. In:
        raum & zeit, Nr. 163, Jahrgang 2010, Seite
        10-11

[9]   Dr. Kuklinski, Bodo/ Dr. Schemionek, An-
        ja: Schwachstelle Genick, 4. Auflage, Biele-
        feld: Aurum, 2007, Seiten 28, 39-41, 46-47

[10]   Dr. med. Mutschler, Rainer: Ein Umdenken
        in der Medizin tut Not. Mitochondrien in
        den Mittelpunkt stellen: Die Wege der
        Mitochondrialen Medizin. In: OM & Ernäh-
        rung, Nr. 142, Jahrgang 2013, Seite F72

[11]   Dipl.-Psychologe Kaiser, Walter: Neurop-
        sychologische Beeinträchtigungen nach
        HWS-Beschleunigungsverletzung. In: Graf,
        Michael/ Grill, Christian/ Wedig, Hans-
        Dieter (Hrsg.): Beschleunigungsverletzung
        der Halswirbelsäule, Steinkopff, 2009, Seite
        312

[12]   Dr. Kuklinski, Bodo: Das HWS-Trauma, 2.
        Auflage, Bielefeld: Aurum, 2007, Seite 59

[13]   Dr. Kuklinski, Bodo: Das HWS-Trauma, 2. Auflage, Bielefeld: Aurum, 2007, Seite 92

[14]   Prof. Dr. med. Hülse, M.: Klinik der Funktionsstörungen des Kopfgelenkbereiches. In: Hülse, M./ Neuhuber, W.L./ Wolff, H.D. (Hrsg.): Der kranio-zervikale Übergang, Berlin/Heidelberg, Springer, 1998, Seite 55

[15]   Dr. sc. med. Kuklinski, Bodo: Mitochondrien, 1. Auflage, Aurum, 2015, Seite 248

[16]   Dr. med. Baviera, Bruno: Grundlagen zum Schmerzgeschehen. In: Graf, Michael/ Grill, Christian/ Wedig, Hans-Dieter (Hrsg.): Beschleunigungsverletzung der Halswirbelsäule, Steinkopff, 2009, Seite 31

[17]   http://www.upright-mrt.de

[18]   Seite „Neurootologie". In: Wikipedia, Die freie Enzyklopädie. Bearbeitungsstand: 23. September 2016, 09:54 UTC. URL: https://de.wikipedia.org/w/index.php?title=Neurootologie&oldid=158151077 (Abgerufen: 2. Oktober 2016, 15:47 UTC)

[19]   DocCheck Medical Services GmbH, Online: http://www.flexikon.doccheck.com/de/Frenzelbrille

[20]   Seite „Frenzelbrille". In: Wikipedia, Die
freie Enzyklopädie. Bearbeitungsstand: 2.
Juli 2014, 11:20 UTC. URL:
https://de.wikipedia.org/w/index.php?tit
le=Frenzelbrille&oldid=131796686 (Abgerufen: 2. Oktober 2016, 15:54 UTC)

[21]   Ruhr-Universität Bochum. Fakultät für
Psychologie. Institut für Kognitive Neuro-
wissenschaft. Neuropsychologischer Rat-
geber zum Thema Aufmerksamkeit. Online: http://www.ratgeber-
neuropsycholo-
gie.de/aufmerksamkeit/Aufmerksamkeit.h
tml

[22]   Ruhr-Universität Bochum. Fakultät für
Psychologie. Institut für Kognitive Neuro-
wissenschaft. Neuropsychologischer Rat-
geber zum Thema Gedächtnis. Online:
http://www.ratgeber-
neuropsycholo-
gie.de/gedaechtnis/gedaechtnis2.html

[23]   Dr. med. Di Stefano, Guiseppe:
Neurospychologische Untersuchungen. In:
Hülse, M./ Neuhuber, W./ Wolff, H.D.
(Hrsg.): Die obere Halswirbelsäule, Heidel-
berg, Springer, 2005, Seite 166

[24]   Dipl.-Psychologe Kaiser, Walter: Neurop-
       sychologische Beeinträchtigungen nach
       HWS-Beschleunigungsverletzung. In: Graf,
       Michael/ Grill, Christian/ Wedig, Hans-
       Dieter (Hrsg.): Beschleunigungsverletzung
       der Halswirbelsäule, Steinkopff, 2009, Seite
       311

[25]   Prof. Dr. med. Otte, Andreas: Langzeitfol-
       gen des HWS-Schleudertraumas. In: Graf,
       Michael/ Grill, Christian/ Wedig, Hans-
       Dieter (Hrsg.): Beschleunigungsverletzung
       der Halswirbelsäule, Steinkopff, 2009, Seite
       184

[26]   Prof. Dr. med. Neuhuber, Winfried:
       Propriozeption im kraniozervikalen Über-
       gang und Schleudertrauma. In: Graf, Mi-
       chael/ Grill, Christian/ Wedig, Hans-
       Dieter (Hrsg.): Beschleunigungsverletzung
       der Halswirbelsäule, Steinkopff, 2009, Seite
       5

[27]   Bring, Gunilla/ Bring, Johan: Wie das Un-
       wahrscheinliche zum Wahrscheinlichen
       wird. In: Graf, Michael/ Grill, Christian/
       Wedig, Hans-Dieter (Hrsg.): Beschleuni-
       gungsverletzung der Halswirbelsäule,
       Steinkopff, 2009, Seite 454

[28]   Prof. Dr. med. Graf-Baumann, T./ Dr. med.
        Wolff, H.D.: Die Begutachtung von HWS-
        Beschleunigungsverletzungen aus medizin-
        rechtlicher Sicht. In: Hülse, M./ Neuhuber,
        W.L./ Wolff, H.D. (Hrsg.): Der kranio-
        zervikale Übergang, Berlin/Heidelberg,
        Springer, 1998, Seite 159

[29]   Dr. med. Wolff, Hanns-Dieter: Die Anam-
        nese bei Störungen des kraniozervikalen
        Übergangs. In: Hülse, M./ Neuhuber, W./
        Wolff, H.D. (Hrsg.): Die obere Halswirbel-
        säule, Heidelberg, Springer, 2005, Seite 94

[30]   Dipl.-Psychologe Kaiser, Walter: Neurop-
        sychologische Beeinträchtigungen nach
        HWS-Beschleunigungsverletzung. In: Graf,
        Michael/ Grill, Christian/ Wedig, Hans-
        Dieter (Hrsg.): Beschleunigungsverletzung
        der Halswirbelsäule, Steinkopff, 2009, Seite
        315

[31]   Dr. Kuklinski, Bodo: Das HWS-Trauma, 2.
        Auflage, Bielefeld: Aurum, 2007, Seite 46

[32]   Prof. Dr. med. Beyer, Hans-Konrad: Kern-
        spintomographische Funktionsdiagnostik
        bei HWS-Schleudertrauma. In: Graf, Mi-
        chael/ Grill, Christian/ Wedig, Hans-
        Dieter (Hrsg.): Beschleunigungsverletzung

der Halswirbelsäule, Steinkopff, 2009, Seite 179

[33]   Dr. sc. med. Kuklinski, Bodo/ Dr. Schemionek, Anja: Mitochondrientherapie - die Alternative, 2. Auflage, Bielefeld: Aurum, 2014, Seite 60

[34]   Dr. sc. med. Kuklinski, Bodo: Mitochondrien, 1. Auflage, Aurum, 2015, Seite 153

Zeitfracht Medien GmbH
Ferdinand-Jühlke-Straße 7
99095 Erfurt, Deutschland
produktsicherheit@kolibri360.de